천국은
어떤 나라인가

천국은 어떤 나라인가

발행	2025년 3월 14일
지은이	박원철
발행인	윤상문
편집인	이은혜, 이대순
디자인	박진경, 표소영
발행처	킹덤북스
등록	제2009-29호(2009년 10월 19일)
주소	경기도 용인시 기흥구 동백동 622-2
문의	전화 031-275-0196 팩스 031-275-0296
ISBN	979-11-5886-331-9 03230

Copyright ⓒ 2025 박원철
이 책은 저작권법에 따라 보호받는 저작물이므로 무단전재와 복제를 금지하며,
이 책의 내용의 전부 또는 일부를 이용하려면 반드시 저작권자와 킹덤북스의
서면 동의를 받아야 합니다.

※ 잘못된 책은 구입한 곳에서 교환하여 드립니다.
※ 책 가격은 표지 뒷면에 있습니다.

킹덤북스 Kingdom Books 킹덤북스(Kingdom Books)는 문서 사역을 통해 하나님의 나라를 확장하고,
한국 교회와 세계 교회를 섬기고자 설립된 출판사입니다.

천국은
어떤 나라인가

박원철 지음

킹덤북스

머리말

천국에 대한 아주 그릇된 믿음이 있다.

1. 나는 천국에서 끝이 없는 단조로움의 반복이 싫다. 천사들처럼 구름을 타고 날아다니며 거문고나 켜는 것 말고는 하는 일이 없는 그런 지루한 영원을 누리고 싶지 않다.
☞ 이런 사람들은 도대체 성경을 읽고 살기는 하는지…자기 마음대로 천국을 재단하니 그런 천국이 재미가 있을 수가 없다.

2. 천국에 가면 지상에서의 모든 기억과 모든 사람들은 하나도 나지 않으며 모를 것이다.
☞ 이건 또 무슨 소린가? 이런 사람들도 성경을 안 읽고 사는 사람들일 것이다.

3. 천국에 가면 우린 유령 같은 영만 있고 몸은 없는 상태일 것이다.

☞ 그럼 예수님이 부활하신 몸은 어떻게 설명을 하나?

4. 천국에는 먹고 마실 필요가 없고 음식도 없다.

☞ 이건 또 무슨 소린가? 예수님도 부활 후에 생선을 잡수셨는데…

5. 나는 천국에 지나친 관심을 가지기 싫다. 어차피 죽으면 갈 텐데 알지도 못하는 것을 왜 지금 그렇게 알려고 하나?

☞ 그럼 천국 이야기나 힌트를 아예 성경에 써놓지 말았어야지. 성경 속에는 천국 이야기가 얼마나 많이 나오는데…

6. 천국에는 영원히 끝나지 않는 찬송과 예배만 있는데… 찬송가 한 곡이 끝나면 또 다른 찬송가를 부르고, 또 부르고 또 부르고 이것을 영원히 한단 말인가?

☞ 이건 또 뭔 소린가? 설령 영원히 찬송 부르고 하나님을 경배한다고 치자. 그럴 리는 없지만. 죄와 저주가 사라진 상태에서 이런 예배의 행위가 지겹거나 지루할 리가 있을까? 천국에도 일상이 있다는 것을 안다면 어떨까? 지금 여기서 예배가 지루한 사람은 천국에서도 지루할 가능성이 다분하지는 않을까? 천국에 가면 우린 천사처럼 날개가 생겨서 구름이나 타고 다니고 할 일이 없어서 노상 빈둥빈

둥 할 텐데 얼마나 지겨울까?

위에 나오는 우스운 질문들을 십분 받아 준다고 해도 바울이 말한 빌립보서 1장 23절을 생각한다면 최소한 천국의 걱정은 다 사라지지 않을까?

> 내가 그 둘 사이에 끼었으니 차라리 세상을 떠나 그리스도와 함께 있는 것이 훨씬 더 좋은 일이라 그렇게 하고 싶으나(빌 1:23).

우리가 그토록 사모하고 뵙기를 원했던 예수님과 만나서 기쁨 가운데 교제하며 영원히 살게 될 천국을 생각한다면 그래도 지겨울까? 죄로 저주받은 땅을 떠나 영원한 복락의 강수를 마실 수 있는 천국에서 나의 사랑하는 예수님을 만나는 일이 얼마나 흥분되고 벅찬 일일까?

이 땅에서 예수님과 이런 천국의 사귐을 경험하며 살지 못하는 사람들은 아마도 천국이 매우 낯설고 이상한 나라일 것이다. 연결고리가 없으니 말이다. 여기서 잠시 멈추어 찰스 스펄전 목사님이 했던 말을 생각해 보자.

> 주님께로 간다는 것은 포로 생활에서 본향으로 돌아가는 것이며, 사나운 폭풍에서 빠져나와 안전한 곳으로 가는 것이고, 오랜 노동에서 안식의 시간을 가지는 것이고, 나의 소원과 열망의 목적지에 이르는 것이다.

아멘 할렐루야! 천국에 대해 생각하지 않는 사람은 참으로 불쌍한 사람이다. 그러나 천국을 바르게 생각하지 않는 사람은 더 불쌍한 사람일 것이다. 종교개혁자 요한 칼빈을 필두로 하여 유명 신학자들의 책에 천국에 관한 내용이 지극히 작다는 것에 놀라움이 있을 뿐이다. 더욱이 놀라운 것은 천국을 요한계시록 안에서만 보려는 것이다. 성경 이곳저곳에 천국에 관한 힌트가 얼마나 많이 있는데 그것을 보지 못하는 것이다.

종말론을 신학의 범주에 집어넣어서 다루고 있지만 오늘날 종말론을 말하면 광신자나 위험한 집단으로 취급을 하는 사탄의 속임수에 빠져서 담대하게 말하기가 쉽지 않다. 그런데 성경은 창세기에서 시작하여 요한계시록에서 끝이 난다. 시작이 있으니 끝이 있는 것은 당연하다. 모든 성경의 구속의 파노라마는 예수님의 재림으로 끝이 난다. 내가 '구속(Redemption)의 파노라마'라고 말한 것을 주목해 보라. 왜냐하면 앞으로 전개될 이 책의 모든 내용들은 바로 이 구속이라는 관점에서 바라볼 것이기 때문이다.

종말론이 건강하고 바르지 않으면 우리 신앙의 뿌리가 흔들리게 된다. 우리의 소망이 사라지게 된다. 바울도 사도들도 신앙의 선배들도 언제나 종말론적인 삶을 살았다는 사실을 간과해서는 안 된다. 늘 소망을 위에 두고 살았다. 그렇기 때문에 이 땅에서 더 열심히 주와 복음을 위해 살았던 것이다. 후일에 천국에서 주가 주실 위로를 기다리고, 영원한 행복을 누릴 것을 바라보았기에.

천국에 관한 믿음은 모든 신학과 신앙의 중심이고 그 신앙을 지탱해 주는 버팀목임을 한시도 잊어서는 안 된다. 인공지능(AI, artificial intelligence)과 과학 물질 문명으로 풍요한 시대에 사는 교회들은 더 이상 천국에 관하여 말하지 않으며 깊은 관심을 드러내지 않고 있음이 사실이다. 슬픈 현실이 아닐 수 없다. 모두가 지상 낙원만 추구하고 여기서 아방궁을 꾸미려 하고 있다. 지상에서의 성공과 출세에 목숨을 걸고 살지만 정작 천국에서 발부될 고지서에는 무관심한 현실이 두렵기만 하다.

나는 이 책을 쓰면서 내 자신이 겪었던 삶의 여정에서 이 모든 천국의 환희와 답을 찾을 수 있었다는 것을 미리 말해둔다. 성경을 다시 읽고 묵상하고 연구해 보고 짝들을 찾아 대조해 보았다. 단어 하나, 짧은 문장 하나에서도 희열을 느꼈다. 살아있는 하나님의 말씀은 마치 금광에서 금맥을 찾는 것과 같았다. 신학적으로도 충돌은 없었다.

난 지금도 순간순간을 영원에 맞대어 살고 있다. 나는 천국이 낯설 것 같지 않다. 너무나 기다려지고 기대가 된다. 지금 천국에 가 있는 성도들과 가족들이 어느 정도 상상이 되고 다시 만나면 주님과 함께 영원토록 왕노릇 할 것에 기대가 넘친다. 바라기는 독자들도 다시 한 번 잠에서 깨어나 이 하나님의 원대한 구속의 계획에 눈을 뜨고 참여하여 소망을 언제나 위에 두고 살아가는 하나님의 친 백성들이 되길 기도한다. 우리 신앙의 레이더 망에서 사라져 잡히지 않게 된 천국의 설교들을 힘차게 강단에서 다시 듣게 될 날을 사모하며…

이 책의 특징은 많은 성경 구절이 나온다는 것이다. 나는 어느 특별한 사람들처럼 천국 체험이나 지옥 체험이 없다. 그래서 이 책에는 그런 내용이 하나도 없다. 나는 천국의 실체를 구속이라는 단어에서 찾았고 이것이 성경을 관통하고 있음을 보았다. 그래서 성경 구절들을 많이 인용하고 풀어놓았다. 이 책을 읽는 독자들이 성경 말씀을 통해서 천국의 실체를 보고 구속의 신학을 바르게 이해하기를 바라는 마음으로 그렇게 했다. 내가 확신하건데 여러분들은 이 성경 구절들을 대하면서 보다 명쾌하고 확신 있는 천국의 모습을 보게 될 것이다.

하나님은 아담의 타락 이후로 당신의 구속 계획을 단 한 차례도 수정하신 적이 없다. 아담의 불순종으로 인해 죽음의 노예가 된 인간을 부활로 구속하시고, 인간의 죄로 말미암아 오염된 피조 세계(우주를 포함하여)도 구속하실 것이다. 그리고 만물을 새롭게 하실 "새 땅(New Earth)과 새 하늘(New Heaven)"에서 하나님의 거처를 정하시고 구속받은 부활의 성도들이 영원히 왕노릇하며, 통치에 참여하고, 예배하며 하나님의 영광을 공기처럼 마시며 살게 될 것이다.

여기에서 다루는 많은 내용들은 랜디 알콘(Randy Alcorn)의 『해븐』(Heaven)이라는 책에서 영감과 도움을 받았으며 나의 부연 설명과 해석을 가미했다는 것을 미리 밝혀둔다. 내가 지금까지 읽어본 많은 천국의 책들 가운데 가장 흠잡을 데 없는, 신학적·성경적으로 온전히 균형 잡힌 내용들로 가득 차 있는 훌륭한 책이다.

자 이제 나와 함께 천국의 여행을 떠나보자.

목차

머리말 • 4

Chapter 1　위의 것을 찾으라! • 14
Chapter 2　지옥을 왜 부정하려 할까? • 19
Chapter 3　자는 자들(죽은 자들)에 관해 무지하지 말라 • 27
Chapter 4　현재의 천국은 어떤 모습일까? • 63
Chapter 5　죄 많은 이 세상은 내 집이 아닌가? • 83
Chapter 6　땅이 구속을 받는 것이 왜 필수적일까? • 93
Chapter 7　이 지구는 파괴될 것인가 새로워질 것인가? • 105
Chapter 8　약속된 새로운 세상 • 113
Chapter 9　저주는 사라져야 한다 • 121
Chapter 10　부활과 천국 • 127

Chapter 11 왜 모든 피조물은 우리의 부활을 고대하고 있을까? • 139

Chapter 12 우리 행위의 부활 • 148

Chapter 13 새 땅은 우리에게 익숙한 곳일까? • 157

Chapter 14 우리 가운데 거하실 하나님 • 168

Chapter 15 천국에서의 예배가 정말 지루할까? • 179

Chapter 16 예수님과 함께 다스릴 그 나라 • 192

Chapter 17 거룩한 도시는 어떤 모습일까? • 201

Chapter 18 천국에 관한 다양한 질문들 • 222

Chapter 19 위대한 소망 위대한 여행 • 268

Chapter 1

위의 것을 찾으라!

그러므로 너희가 그리스도와 함께 다시 살리심을 받았으면 위의 것을 찾으라 거기는 그리스도께서 하나님 우편에 앉아 계시느니라(골 3:1).

신자들은 예수님을 자신의 구주로 고백하고 그분을 자신의 주님으로 받아들이는 순간, 그와 함께 죽고 그와 함께 다시 살아나는 구원에 이르게 된다. 이것을 그리스도와의 연합이라고 한다. 예수 그리스도와 연합됐으니 그가 죽으셨을 때 나도 죽은 것이고 그가 살아나셨을 때 나도 살아난 것이다.

예수께서 죽음에서 살아나 현재의 천국(Present Heaven) 하나님 보좌 우편에 앉아 계신다. 그러니 예수 그리스도와 한 몸인 우리도 그리스도와 함께 하늘에 앉아 있는 것이다(엡 2:6). 이게 우리의 현주소다. 그래서 우리는 '위의 것'을 찾으며 살아야 한다.

천국을 어떻게 정의하면 가장 정확할까? 천국은 하나

님이 계신 곳이다. 하나님의 보좌가 있고 하나님의 직접 통치가 있는 곳이 천국이다. 그러니까 다른 말로 하면 하나님이 천국이다. 하나님이 없는 곳은 아무리 좋은 곳이어도 천국일 수 없다. 초막이든 궁궐이든 하나님이 계시면 천국인데 실재로 천국은 물리적 공간으로 예수님이 지금 그 장소 하나님 보좌 우편에서 우리를 위해 중보하시고 통치를 하신다.

그러므로 "위의 것을 찾으라"는 말은 천국을 바라보라는 뜻이다. 그리스도가 계시는 거기는 천국이다. 하나님의 보좌가 있는 그곳이 천국이지 무엇이란 말인가! 히브리서 11장 16절을 보면 하나님의 백성들은 모두 "더 나은 본향을 사모"하며 살았다. 그리고 그 본향은 "곧 하늘에 있는 것이라"고 했다.

> 그들이 이제는 더 나은 본향을 사모하니 곧 하늘에 있는 것이라 이러므로 하나님이 그들의 하나님이라 일컬음 받으심을 부끄러워하지 아니하시고 그들을 위하여 한 성을 예비하셨느니라(히 11:16).

이 구절을 영어로 보면 더 선명하게 다가온다.

> Instead, they were longing for a better country—a heavenly one. Therefore God is not ashamed to be called their God, for he has prepared a city for them(이하 NIV).

하나님의 백성들은 더 나은 나라를 동경하며, 사모하며 살았는데 그 나라는 바로 하늘에 있는 천국이었다. 그리고 그 하나님의 백성들을 위하여 하나님은 한 도시를 준비하셨다. 그러니까 천국은 도시 같은 곳이다. 거대한 도시일 것이다. 이 부분에 대해서는 뒤에 더 상세하게 다룰 것이다.

"위의 것을 찾으라"에서 '찾으라'는 헬라어로 '제테오'(zeteo)라는 단어인데 "사람들의 일반적인 철학적 탐구나 갈망"을 뜻한다. 즉 '찾으라'는 말은 '부지런히, 역동적으로, 일념을 가지고 탐구하라'는 뜻이다. 그냥 막연하게 멍하니 천국을 생각하고 바라보라는 말이 아니다. 이제 골로새서 3장 1절을 풀어서 해석해 보면 이런 말이 된다.

> 그러므로 너희가 그리스도와 함께 다시 살리심을 받았다면 부지런히, 역동적으로, 일념을 가지고 천국을 탐구하라! 그 천국에는 그리스도께서 하나님 보좌 우편에 앉아 계신다.

또한 이 '찾으라'는 동사는 현재형인데 '계속해서 천국을 탐구하라'는 뜻이다. 그냥 말만 하지 말고 천국에 관한 책도 읽고, 설교도 듣고 천국에서의 삶을 탐구하라는 뜻이다. 앞으로 우리가 천국에서 영원한 삶을 살 텐데 지금 여기서 그 천국을 구하고 준비하며 염원하는 게 왜 나쁜 일이겠는가?

다른 나라로 이민을 가는 사람이 자기가 가서 살 나라에 대해 아무것도 모르고 갈 수 있을까? 적어도 그 나라의 언어를 배우려 하고, 화폐도 알아야 하고, 문화도 법도 알아야 하지 않을까? 자녀들을 위한 이민이라면 그 나라의 학교나 교육 제도에 대해서도 미리 공부하고 떠나지 않을까? 이 나라에서 저 나라로 이사를 가는 것도 이와 같다면 지상에서 천국으로 이민을 가는 우리의 영원한 삶의 준비는 더 철저해야 하지 않을까?

그런데 여기서 생각해야 할 것이 있다. "위의 것을 찾으라"는 것은 명령이다. 권고가 아니라 명령이다. 왜 명령문으로 말했을까? 그 답은 매우 간단하다. 그 명령을 따르지 못하게 하는 요인들이 많기 때문이다. 예를 들어, '성적인 죄를 피하라'고 명령하는 이유는 우리 안에 성적인 죄를 쉽게 지을 수 있는 죄된 성향 때문이다. 천국을 바라보라는 명령도 천국을 바라보지 못하게 하는 방해 요인들이 아주 많이 있기 때문이다. 물론 방해 요인 중에 첫 번째는 사탄이다. 사탄은 거짓의 아비고, 광명한 천사로 위장한 자며, 인류의 역사를 도둑질한 희대의 사기꾼이다. 또 우리의 마음은 언제나 너무 많이 이 세상 것에 묶여 있다. 그래서 천국의 생각에 익숙해 있지 않다. 그렇기 때문에 씨름을 해야 하는 것이다.

내가 확실히 믿기는 천국을 언제나 깊이 생각하는 신자들은 현재 이 세상을 훨씬 더 잘 산다는 것이다. 왜냐하면 우리의 종착역은 이 세상이 아니라 천국이기 때문이고 거기서 우리의 삶이 결산을 받기 때문이다. 미래가 없다고 믿는 사람은 현재를 열심히 바르게 하나님의 뜻대로 살지 않는다. 어차피 존재하지도 않을 미래를 위해 애쓰고 살 이유가 없으니 자신의 정욕대로 살며 현세를 즐기는 것이다. 그러나 천국이 분명히 존재하고 후일에 선악 간에 내가 행한 대로 판단하실 그분이 있다고 믿는 사람은 절대로 현재의 삶을 엉터리로 자기 마음대로 정욕대로 살 수 없게 되어 있다. 계산할 날이 있기 때문이다.

Chapter 2

지옥을 왜 부정하려 할까?

거기에서는 구더기도 죽지 않고 불도 꺼지지 아니하느니라. 사람마다 불로써 소금 치듯 함을 받으리라(막 9:48-49).
몸은 죽여도 영혼은 능히 죽이지 못하는 자들을 두려워하지 말고 오직 몸과 영혼을 능히 지옥에 멸하실 수 있는 이를 두려워하라(마 10:28).

예수님은 누구보다 지옥 이야기를 많이 하신 분이다. 그는 지옥 이야기를 무려 70번 이상 하셨다. 그렇게 하신 이유는 아마도 회개를 요청하는 경고와 시급성을 불러일으키기 위해서였을 것이다. 지옥 이야기는 신자와 불신자를 막론하고 모두에게 불편한 주제다. 내가 인도에서 선교를 할 때 마을에 들어가 전도를 한 적이 있다. 그들은 모두 '천국이라는 게 있다면 거기에 다 가고 싶다'고 했다. 그러나 정작 지옥은 믿지 않고 모두 거부했다. 천국이 있다는 것을 믿는다면 자연스럽게 그 반대인 지옥도 믿어야 한다. 두려움과 떨림이 있다고 해도 사실을 외면

하는 것은 옳지 않다. 많은 기독교인들 가운데 이런 주장을 하는 사람들이 있다.

> 하나님은 사랑이신데 지옥을 만들어 인간에게 영원한 고통을 주시는 것은 옳지 않다. 기독교인들이 보다 고상한 주제를 다루어야 하지 시대에 뒤떨어진 지옥 이야기를 하느냐! 교회는 이 세상에 보다 윤리적이고 도덕적인 설교를 많이 해야 한다. 교회는 불신자들이 들어오는 문턱을 낮추어야 한다. 자극을 주면 안 된다.

진실을 외면한 진리는 더 이상 진리가 아니고 능력도 없다. 하나님의 아들이신 예수님이 이 세상에 구속주가 되시려고 사람의 몸을 입고 직접 오셔서 천국 복음을 전파하시고 지옥 이야기를 직접 하셨는데, 그 말씀의 권위는 하나님의 권위다. 그 어떤 권위보다 앞서는 것이 하나님의 권위라면 지옥을 친히 말씀하신 예수님의 권위를 인정해야 하지 않는가?

하나님의 권위이신 예수님이 그렇게 자주 지옥을 언급하셨다면 그만큼 시급하고 중요한 주제라고 봐야 한다. 시급하지도 않고 중요하지도 않은데 자주 반복적으로 말한다면 그것은 그저 중언부언이거나 헛소리로 치부해야 한다. 예수님이 중언부언을 한다? 아니면 헛소리를 하신다? 이것은 상상도 할 수 없는 이야기다. 예수님은 지옥 이야기가 천국 이야기 못지 않게 인간들에게 중요하기 때문에 자꾸 반복하신 것이다.

나는 젊은 시절부터 많은 장례식 설교를 했다. 사실 장례 예배 때가 가장 전도 설교를 하기 좋은 때이다. 죽음 앞에서는 누구나 한 번쯤은 자신을 뒤돌아보게 되고 미래를 생각하기 때문이다. 그런데 어떤 경우 장례식 때 보면 설교자가 우리 모두가 천국에 가서 죽은 사람을 만나게 된다는 장밋빛 희망을 던져주는 경우를 본다. 과연 이것이 정직한 설교인가? 슬픔을 당하고 있는 가족을 위로해야 하는 것은 옳지만 거짓말로 위로하는 것은 직무유기다.

나는 장례 예배를 통해 불신자 가족들을 여럿 구원시켰다. 성령을 의지해서 준비한 구원의 메시지가 힘차게 저들의 마음을 흔들고 구원의 광명한 빛이 어두운 슬픔의 마음속에 비췬 것이다. 두 번 다시 오지 않을 황금의 기회를 죽음 앞에서 건져 올린 것이다. 난 앞으로도 장례 예배의 기회가 주어진다면 변함없이 구원의 진실을 설교하고 유가족들에게 영원으로의 초대를 할 것이다.

한번 상상해 보자. 죽어서 먼저 천국으로 간 사랑하는 가족과 친구들을 언젠가는 만나게 된다? 얼마나 소망이 넘치는가! 그런데 여기에 문제가 있다. 천국에 있는 가족들이나 친구들과 다시 만나기 위해서는 예수 그리스도의 구원의 문을 통과해야만 한다. 그냥 자동으로(default) 천국에 가는 게 아니다. 교회를 다니고 기독교 집안에서 자랐으니까 천국에 자동 입성한다는 생각은 매우 위험한 발상이다.

천국은 죄와 저주가 없는 곳이다. 하나님의 절대 선만 존재하는 곳인데 어떻게 죄를 앉고 천국에 도달할 수 있을까? 그래서 성경은 엄중하게 반복적으로 죄가 무엇인지, 죄가 하나님과 우리 사이를 어떻게 갈라놓았는지, 그 죄의 결과는 무엇이고, 어떻게 해야 죄와 저주에서 해방이 되는지를 상세하게 설명하고 있다. 그리고는 믿음의 선택을 남겨두었다. 누구든지 이 사실을 마음으로 인정하고 받아들이면 예수께서 내 삶에 들어오셔서 주인이 되시고 영원한 길로 인도하실 것이고, 거부하면 예비된 영원한 형벌에 떨어지게 되는 것이다.

모든 사람이 죄를 범하였으매 하나님의 영광에 이르지 못하더니(롬 3:23).

오직 너희 죄악이 너희와 너희 하나님 사이를 갈라 놓았고 너희 죄가 그의 얼굴을 가리어서 너희에게서 듣지 않으시게 함이니라(사 59:2).

그러면 지옥은 어떤 곳인가?

지옥은 예수 그리스도의 구원의 선물을 거부한 모든 사람들이 가서 사는 곳이다. 하나님의 생명책에 기록되지 않은 모든 사람들이 가는 곳이다. 어마어마한 고통이 끊임없이 반복되는 곳이다. 불도 꺼지지 않고 사람이 소금 치듯 불에 튀겨진다고 했다. 얼마나 무시무시한가? 지옥은 자살을 할 수도 없는 곳이다. 사람이 자살을 하는 것은 고통에서 스스로 해방되려 하기 때문이다. 그런데 지옥은 죽고 싶어도 죽을 수가 없는 곳이기에 그냥 영원한 고통을 앉고 살아야 한다. 성경은 지옥에서 몸과 영혼이 고통을 받는다고 했다. 지금 지상에서의 몸을 가진 것처럼 지옥에서도 부활의 몸을 가지고 영혼이 육체에 깃들인 채로 다 느끼며 고통을 받는 곳이다. 결론은 이렇다. 천국을 가는 것은 선택이 아니라 필수라는 것이다. 지옥도 선택지가 돼서는 안 된다. 거기는 절대로 가지 말아야 곳이다.

> 또 내가 보니 죽은 자들이 큰 자나 작은 자나 그 보좌 앞에 서 있는데 책들이 펴 있고 또 다른 책이 펴졌으니 곧 생명책이라 죽은 자들이 자기 행위를 따라 책들에 기록된 대로 심판을 받으니(계 20:12).

천국에서도 영생을 누리지만 지옥에서도 영생을 산다. 천국은 하나님의 생명과 빛으로 지고한 복락을 누리며 영원히 사는 곳이지만, 지옥은 무서운 고통의 연속으로 죽지 않고 영원히 사는 곳이다. 그러므로 영생은 천국에만 있는 게 아니고 지옥에도 있다. 두 번의 기회가 없는 곳, 죄에 대한 또렷한 의식을 가지고 고통을 받는 곳, 펄펄 끓는 불이 있는 곳, 구더기들이 살을 파먹는 곳, 영원히 반복되는 고통이 있는 곳 이곳이 지옥이다. 그러니 결론적으로 말하자면 지옥은 가면 안 되는 곳이다. 제발 그곳은 선택지가 아니니 가지 마시오! 부탁입니다.

정상적인 교회의 가르침은 천국을 강조하는 것만큼 지옥도 가르쳐야 한다는 것이다. 둘은 균형 있게 가르쳐야 한다. 예를 들어 보자. 내 친구나 가족이 어느 장소를 운전을 하고 가는데 길을 가르쳐 주는 사람이 한 길을 가르쳐 주면서 "이 길로 가면 안전하게 바로 그곳에 도착합니다. 그런데 다른 길로 가면 거기는 길이 위험하고 낭떠러지가 있으니 그리로 가면 안 됩니다"라고 하면 그 주의를 받은 사람은 낭떠러지가 있는 길로 가지 않아야 한다.

지옥이 있음을 알리고 주의를 주어서 천국문으로 가게 하는 일은 마땅히 해야 할 친절한 행위라고 나는 생각한다.

> 하나님을 모르는 자들과 우리 주 예수의 복음에 복종하지 않는 자들에게 형벌을 내리시리니 이런 자들은 주의 얼굴과 그의 힘의 영광을 떠나 영원한 멸망의 형벌(지옥)을 받으리로다(살후 1:8-9).

하나님은 모든 선(goodness)의 근원이시기 때문에 지옥은 하나님이 없는 곳이며 모든 선한 것이 없는 곳이다. 모든 선의 근원이신 하나님의 부재로 인해 지옥은 사람들과의 교재도 우정도 공동체도 우애도 있을 수가 없다. 자기가 즐기는 취미 생활도 없고 좋아할 만한 어떤 것도 존재하지 않는다. 그저 각 사람은 홀로 감금된 상태에 놓인 사람으로만 살게 되는 것이다.

Chapter 3
자는 자들^(죽은 자들)에 관해 무지하지 말라

형제들아 자는 자들에 관하여는 너희가 알지 못함을 우리가 원하지 아니하노니 이는 소망 없는 다른 이와 같이 슬퍼하지 않게 하려 함이라(살전 4:13).

사도 바울이 말한 것처럼 예수님이 재림하실 때에 우리가 살아있다면 죽음을 맛보지 않고 공중으로 끌어올려 주님을 만나고 영원히 그분과 함께 살 것이다. 그렇지 않으면 우리가 사랑하는 사람들이 먼저 죽었듯이 우리도 그 뒤를 따라 죽어 천국의 가족들과 성도들 그리고 주님과 만나게 될 것이다.

현재적 천국(Present Heaven or Intermediate Heaven)

성경은 우리의 궁극적 천국을 "새 하늘과 새 땅"에서 이루어진다고 말하고 있다. 그리고 그 일이 있기 전 우리의 몸은 반드시 구속을 받아 부활의 몸을 회복해야만 한다.

> 그 바라는 것은 피조물도 썩어짐의 종 노릇 한 데서 해방되어 하나님의 자녀들의 영광의 자유에 이르는 것이라 피조물이 다 이제까지 함께 탄식하며 함께 고통을 겪는 것을 우리가 아느니라 그뿐 아니라 또한 우리 곧 성령의 처음 익은 열매를 받은 우리까지도 속으로 탄식하여 양자 될 것 곧 우리 **몸의 구속(속량)**을 기다리느니라(롬 8:21-23).

피조물들이 고대하는 바는 하나님의 아들들이 나타나는 것인데 이 '고대한다'는 단어는 마치 고양이들이 발을 들고 창문을 통해 밖을 바라보듯, 아니면 목을 길게 빼고 무엇인가를 쳐다보는 것처럼 전 우주, 모든 피조물이 하나님의 자녀들이 재림 주 예수님과 함께 이 땅에 다시 나타나길 목 빠지게 기다린다는 뜻이다. 예수님의 재림 때 하나님의 아들들은(주 안에서 먼저 죽어 천국에 가 있던 성도들) 주님과 함께 이 땅으로 온다.

그리고 이미 있는 모든 것이 새것이 된다. 새롭게 된다는 말이다. 온 피조 세계가 구속을 받고 새로워진다

(Renew). '새로워진다'는 말은 새롭게 재창조(recreation)된다는 뜻이 아니다. 기존의 형태가 온전한 형태로 새롭게 바뀐다는 뜻이다. 부활이라는 단어도 영어로 보면 'resurrection'이다. 앞에 '다시'를 뜻하는 're'가 있다. 즉 부활은 완전한 상태로의 재생을 말한다. 썩어질 몸에서 영원한 몸으로 재생하는 것이다. 흙이나 혹은 어떤 물질에서 부활의 몸을 만드는 것이 아니라 우리가 이 땅에서 원래 가지고 있던 썩어질 몸이 썩지 않을 몸으로 재생되는 것이 부활이다. 그래서 부활의 몸은 현재의 몸과 형체가 완전히 다른 몸이 될 수 없고 비슷한 몸인데 영광스러운 완전한 모습으로 재생되는 것이다.

여기서 '기대한다'는 말은 복합어인데 주 예수님께서 공중에 오셔서 자신의 신부를 천국으로 데려가시는 그날을 강렬하게 갈망하고 간절히 기다리는 태도를 나타낸다. 관심이 다른 모든 것으로부터 벗어나 오직 주 예수님께 집중되는 것을 의미한다.

사랑하는 식구들이나 성도들이 죽었을 때 죽었다고 말하기보다는 '연결이 끊겼다'(We lost contact)라고 말하는 것이 훨씬 정확한 것이다. 돌아가신 분은 연락할 길이 잠시 끊어진 것이지 잃어버리거나 실종된 것이 아니다. 지구촌에는 하루에 평균 25만 명이 죽어서 천국과 지옥으로 가는데 그냥 없어지는 것이 결코 아니다. 어디론가 이동해 가고 있는 것이다.

모든 피조물들은 현재 썩어짐의 종노릇을 하고 있다(It's bondage to decay). 즉 인간의 몸을 포함하여 모든 피조 세계는 썩어짐의 상태에 놓여있다. 썩지 않는 것은 없다. 그래서 부활의 때는 재생하기 때문에 더 이상 썩는 일이 없게 된다. 썩어짐의 노예 상태에서 영원한 해방을 맞이하게 되는 것이다.

'해방(liberation)'의 반대말은 '속박(restraint)'이다. 그러니까 지금 모든 피조물의 상태는 속박 아래 놓여있는 것이다. 죽음의 속박, 질병의 속박, 약함의 속박, 무기력의 속박, 미움과 저주의 속박, 썩어짐의 속박, 무질서의 속박 등. 그래서 허무한 데 굴복할 수밖에 없는 운명이다(20절). 그래서 솔로몬은 "모든 것이 헛되니 헛되고 헛되다"고 고백한 것이다(Vanity of vanities; all is vanity).

젊음도 썩어지고, 건강도 썩어지고, 아름다움도 썩어지고, 과일도 썩어지고, 환경도 썩어진다. 그러니 많은 철학자들이 생을 비관했던 것이다. 인간의 결말이 너무 허무하다는 것이다. 영원한 것은 없고 길어야 100년이라는 시간 속에 모든 게 끝나버리니 얼마나 허무했을까? 그들은 예수 그리스도를 통한 허무함에서의 자유를 얻지 못하고 죽어갔다. 예수를 만나면 허무함에서 해방되어 부활로 얻게 되는 영생의 삶을 누리게 된다. 그래서 인간의 절대 허무를 벗어날 수 있는 유일한 길은 오직 예수뿐이다. 요한복음 14장 6절이 허무에 대한 답이다.

> 예수께서 가라사대 내가 곧 길이요, 진리요, 생명이니 나로 말미암지 않고는 아버지께 올 자가 없느니라(요 14:6).

현재 고난은 장차 우리에게 나타날 영광과 비교할 수 없다. 감히 어떤 식으로 비교할 수 있다는 말인가? 지금 우리가 살고 있는 모든 세상의 썩어짐의 고통을 생각해 볼 때 장차 주어질 영원한 영광과 영생의 선물이 얼마나 환상적이고 비교불가의 선물일 것인가? 한순간 모든 절망과 허무를 뒤집어 엎어버리고, 유도에서 한판승으로 경기를 끝내듯이 모든 허무의 썩어짐을 한판으로 끝내버릴 장엄한 순간을 상상이나 해보겠는가?

하나님의 형상으로 지음을 받은 인간뿐만 아니라 온 피조물도 다 이 썩어짐에서 해방되어 영광의 자유에 이르기를 탄식하며 함께 고통하고 있다. 인간만 아프다고 신음하는 게 아니다. 우리 귀에 들리지 않는 것뿐이지 나무도 산도 물도 온 환경이 다 신음을 하고 있다. 아담과 하와의 불순종 이후로 모든 피조 세계는 지금까지 신음하고 있다. 한 사람의 불순종으로 말미암아 애꿎은 자연 세계까지 신음하는 고통에 빠졌다.

양자됨의 완성은 몸의 구속이다(Redemption of our bodies)! 사람들은 흔히 천국에서는 우리가 몸이 없고 그냥 영만 있다고 믿는다. 성경적이지 않다. 성경은 분명하게 예수님이 부활하신 후 몸을 가지셨고 음식도 먹었다고 기록하고 있다.

부활의 날에는 우리 썩어질 몸이 구속을 받아서 죄가 사라지고 썩어짐의 허무가 벗겨진다. 그래서 천사와 같은 영원한 몸으로 변화가 된다. 하나님의 계획은 우리 몸이 구속을 입는 것이다. 앞에서 말했듯이 새로워지는 것이다. 하나님의 창조의 원래 계획은 아담과 하와가 죽지 않고 영원히 사는 것이었다. 썩어짐의 허무에 종노릇할 필요가 없었는데 불순종의 범죄로 말미암아 죄가 세상에 들어왔기에 죽음이 오고 부패하고 고통이 들어온 것이다. 그래서 부활의 날에는 이 모든 하나님의 원래 의도하신 플랜(Plan) A가 회복되어 영생의 삶을 살게 되는 것이다.

물론 회복된다고 해서 에덴으로 돌아가는 것은 결코 아니다. 요한계시록이 말하는 것처럼 구속의 완성으로 들어가는 것이다. 새 예루살렘이 있고 해와 달의 비침이 필요 없고 하나님이 친히 통치하시며 우리 주 예수님과 함께 통치하는 구속 계획의 완성 상태로 들어가는 것이지 애초의 에덴으로 복귀하는 것이 아님을 기억해야 한다.

그러면 지금 죽어서 잠자고 있는 성도들은 어디에 가 있을까? 아마도 현재 천국은 임시적이거나 중간 단계의 천국일 것이다. 왜냐하면 아직 지난 6천 년 동안 죽었던 성도들은 몸의 구속인 부활의 몸을 입지 못했기 때문이다. 모든 피조 세계가 그 마지막 완성의 순간을 기다리고 있다. 아직 예수님 말고 부활의 몸을 입은 자가 천국에는 아무도 없다. 아직도 그 날을 기다리는 중이다.

새 하늘 과 새 땅에서 이루어질 영원한 천국이 우리가 주님과 함께 영원토록 통치할 세상이다. 부활의 몸을 입고서야 새 하늘과 새 땅에서 살게 된다. 이 얼마나 영광스러운 날인가! 그러므로 지금 성도들이 가 있는 천국은 우리의 궁극적인 천국이 아니라 일시적이거나 중간 단계의 천국이어야 한다. 왜냐하면 지금 천국에 있는 성도들도 몸의 구속을 기다리고 있기 때문이다. 예수 그리스도의 재림을 기점으로 해서 일어날 먼저 죽은 성도들의 몸이 부활의 몸을 입고 그 후 살아남아 있는 성도들이 부활의 몸을 입고 공중으로 올라간다. 그때까지 살아남아서 재림을 보는 성도들은 죽은 자들보다 부활의 순서가 앞서지 못한다. 물론 찰나 같은 짧은 시간차이지만 그래도 순서가 명확하다. 주 안에서 죽은 자들이 먼저고 그 후에 살아있는 성도들이다(살전 4:16-17).

> 주께서 호령과 천사장의 소리와 하나님의 나팔 소리로 친히 하늘로부터 강림하시리니 그리스도 안에서 **죽은 자들이 먼저** 일어나고 **그 후에 우리 살아남은 자들도** 그들과 함께 구름 속으로 끌어 올려 공중에서 주를 영접하게 하시리니 그리하여 우리가 항상 주와 함께 있으리라. 그러므로 이러한 말로 서로 위로하라(살전 4:16-17).

지금 현재의 천국에서는 모든 성도들이 그리스도 예수와 하나님 아버지와 함께 지고한 기쁨과 행복, 안식과 위로를 누리고 있음이 확실하다. 그러나 동시에 우리는 예수 그리스도의 재림과 함께 이루어질 우리 몸의 구속 즉 부활의 몸을 고대하고 있고(천국에 지금 있는 성도들을 포함하여) 새 땅에서 펼쳐질 궁극적인 천국을 고대하고 있다. 그러므로 현재의 천국은 우리의 최종 목적지가 아니고 새 하늘과 새 땅이 최종 목적지다.

현재 천국과 미래 천국

과거부터 현재까지 죽은 성도들이 가는 곳은 현재 천국이다. 중간 단계의 천국이고 천사들의 영역(angelic realm)이라고 볼 수 있다. 반면에 미래 천국은 새 땅에 살게 되는 인간 영역(부활의 몸을 입은)의 천국이다. 하나님의 거처가 구속받은 부활한 우주 속에 있는 사람들과 함께 있게 될 것이다. 예수님의 재림 때는 인간만 구속을 받는 게 아니고 모든 자연계와 우주가 다 구속을 받는다. 모든 피조 세계는 다 구속을 받게 된다. 이 사실을 요한계시록 21장 1-3절은 명확하게 보여준다.

또 내가 **새 하늘과 새 땅**을 보니 처음 하늘과 처음 땅이 없어졌고 바다도 다시 있지 않더라. 또 내가 보매 거룩한 성 새 예루살렘이 **하나님께로부터 하늘에서 내려오니** 그 준비한 것이 신부가 남편을 위하여 단장한 것 같더라 내가 들으니 보좌에서 큰 음성이 나서 이르되 보라 **하나님의 장막이 사람들과 함께 있으매** 하나님이 그들과 함께 계시리니 그들은 하나님의 백성이 되고 하나님은 친히 그들과 함께 계셔서(계 21:1-3).

성경을 잘 살펴보자. 새 예루살렘이 하나님이 계셨던 하늘(현재 천국)에서 내려왔다. 어디로 갔을까? 당연히 새 땅으로 내려온 것이다. 구속받은 새 땅, 부활한 새 땅으로 내려온 것이다. 그 다음이 더 명쾌하다. "보라 하나님의 장막(God's dwelling place, '하나님의 거처')이 사람들과 함께하고 사람들과 함께 산다"고 했다. 할렐루야! 바로 이것이 우리가 기다리는 마지막 천국이다. 현재의 천국의 새 예루살렘이 하나님께로부터 나와서 새 땅으로 내려와 하나님이 친히 통치하시고 다스리시며 구속받은 인간들과 영원히 함께 살며 동거하는 세상 그곳이 바로 궁극적인 천국인 것이다.

칼빈신학교의 조직신학 교수였던 안토니 후크마 교수

는 다음과 같이 고백했다.

> 거룩한 도시 새 예루살렘은 우주 공간 저 멀리에 남아 있지 않고 새로운 땅으로 내려온다. 새 땅에는 구속받은 자들이 부활의 몸을 입고 영원토록 살게 될 것이다. 그래서 이전에 분리돼 있던 하늘과 땅이 하나가 될 것이고 새 땅은 천국이 될 것이다. 왜냐하면 하나님이 그의 백성들과 거기서 살 것이기 때문이다. 다른 말로 하자면 영화로운 성도들은 새 땅에 거주하면서 계속 천국에 있게 될 것이다.

조금 정리해서 말하자면 다음과 같다.

> 하나님은 우리와 함께 살기 위해 새 땅(New Earth)에 내려오신다는 것은 하나님의 원래의 계획에 완벽하게 맞아 떨어진다. 예수님이 인간의 몸을 입고 우리가 사는 이 시간과 공간 속에 오셨다. 새 하늘과 새 땅은 하나님이 시간과 공간을 그의 영원한 집으로 만드시는 것에 관한 것이다. 예수님이 성육신하신 하나님인 것처럼, 새 땅은 성육신한 천국이 될 것이다.

죽음 이후에도 의식은 있을까?

 많은 그리스도인들이 이 부분을 매우 혼동하고 있는 듯하다. 천국이나 지옥에서도 의식이 있을까? 당연히 의식이 있다. 그래서 지옥에서는 후회와 탄식과 고통이 존재하는 것이다. 의식이 없다면 무슨 후회가 있고 탄식이 있겠는가? 천국도 마찬가지다. 의식이 명확하게 살아있어서 주님을 지상에서처럼 기쁨과 환희와 감격으로 예배하고, 일상을 살 수 있는 것이다.

 누가복음 16장 19-31절은 우리가 잘 아는 부자와 거지 나사로가 죽은 후 천국과 지옥에 가서 벌어진 이야기다. 사람이 죽으면 그들의 영은 천국 또는 지옥으로 간다. 중간 지대는 없다. 이 본문에 보면 부자는 죽어 지옥에서도 지상에서처럼 또렷한 의식을 가지고 있었다. 천국에서 아브라함 품에 있던 나사로를 보고 손가락 끝에 물을 적셔 자기를 도와달라고 했다. 지상에 있던 거지 나사로를 알아본 것이다. 그리고 자기의 목마름이 극심하여 죽을 지경인 것을 말하고 있다.

 또한 지옥이 너무나 무서운 곳이므로 지상에 있는 자기 형제들에게 이 실상을 말해주어 여기에 오지 않게 해

달라고 부탁하는 것을 보아 지옥에 있는 이 부자는 지상에서처럼 여전히 같은 의식을 가지고 있음을 알 수 있다. 더 명확한 본문이 요한계시록 6장 9-11절에 나온다.

> 다섯째 인을 떼실 때에 내가 보니 하나님의 말씀과 그들이 가진 증거로 말미암아 죽임을 당한 영혼들이 제단 아래에 있어 큰 소리로 불러 이르되 거룩하고 참되신 대주재여 땅에 거하는 자들을 심판하여 우리 피를 갚아 주지 아니하시기를 어느 때까지 하시려 하나이까 하니(계 6:9-11).

순교를 당한 성도들이(영혼들이) 제단 아래서 하나님께 언제 저 세상에 정의를 시행하겠느냐고 묻고 탄원하는 장면이다. 죽어서 천국에 가 있는 성도들도 지상에서의 불의함과 교회와 성도들을 향한 극심한 핍박을 알고 있다. 그래서 그들은 하나님께 탄원하고 있는 것이다.

이 두 구절은 우리에게 분명한 메시지를 전해주고 있다. 현재의 천국에서 영혼들은 결코 잠을 자는 무의식적인 상태에 있지 않다는 것이다. 잠을 잔다고 말할 때는 몸과 결합되어 있는 상태를 말하는 것이기 때문에 아직 부활의 몸을 입지 못한 상태의 천국의 성도들의 영혼이 잠을 자고 있다는 주장은 전혀 합당하지 않은 말이다. 성경은 오히려 현재의 천국에서 영혼들은 하나님을 즐겁게 예배하며 찬양하며 안식을 누리며 나름대로의 일상을 살고 있음을 암시하고 있다.

그러면 죽은 후의 심판은 어떨까?

불신자들은 죽은 후에 현재의 지옥에 떨어진다. 다시 말하는데 중간 지대는 존재하지 않는다. 성경은 그 어디에도 중간(회색) 지대가 있어서 어떤 행위 조건에 의해 천국이나 지옥으로 옮겨갈 가능성을 열어두고 있지 않다. 죽은 후에는 바로 심판이 있다. 그 심판은 예수 그리스도를 믿지 않은 것에 대한 심판이다. 그러니까 심판의 기준은 믿음이다. 또한 최후의 심판이 있다. 그 심판은 행위에 따른 심판인데 하나님의 흰 보좌 심판대 앞에서 자기 행위를 따라 심판을 받고 불 못에 던져지는 두 번째 사망이다. 첫 번째 사망은 신자나 불신자를 막론하고 동일하게 직면하는 문제다. 그러나 신자들에게는 새 하늘과 새 땅에 들어가는 첫 번째 부활만 있을 뿐 심판을 받기 위한 두 번째 부활은 없다.

둘째 부활은 불신자들이 영원한 심판을 받기 위해 죽음에서 일어나 하나님의 흰 보좌 앞에 서는 사건이다. 그러나 성도들은 이미 첫 번째 부활에 참여하여서 영생을 사는 존재가 되었기에 두 번째 부활이 없다. 따라서 성도들에게는 첫째 사망과 첫째 부활만 있을 뿐이고 불신자들에게는 첫째 사망(육신의 죽음)과 둘째 사망(최후 심판)이 있으며, 천국을 사는 첫째 부활은 없으며 최종 심판을 받기 위해 일어나는 둘째 부활만 있을 뿐이다.

> 또 내가 크고 흰 보좌와 그 위에 앉으신 자를 보니 땅과 하늘이 그 앞에서 피하여 간데 없더라 또 내가 보니 죽은 자들이 무론 대소하고 그 보좌 앞에 섰는데 책들이 펴 있고 또 다른 책이 펴졌으니 곧 생명책이라 죽은 자들이 자기 행위를 따라 책들에 기록된 대로 심판을 받으니 바다가 그 가운데서 죽은 자들을 내어주고 또 사망과 음부도 그 가운데서 죽은 자들을 내어주매 각 사람이 자기의 행위대로 심판을 받고(계 20:11-13).

현재 천국은 어느 우주 안에 있다?

현재 천국은 어느 지점에 있을까? 단지 비유적인 곳일까? 아니 절대로 그것은 아니다. 성경은 명확하게 현재 천국이 이 우주 공간 어딘가에 실재적인 세상으로 존재하고 있음을 말해주고 있다.

> 너희는 마음에 근심하지 말라 하나님을 믿으니 또 나를 믿으라. 내 아버지 집에 있을 곳이 많도다 그렇지 않으면 너희에게 일렀으리라 내가 너희를 위하여 거처를 예비하러 가노니 가서 너희를 위하여 거처를 예비하면 내가 다시 와서 너희를 내게로 영접하여 나 있는 곳에 너희도 있게 하리라(요 14:1-3).

예수님은 아버지 집에 있을 곳이 많다고 하셨다. 있을 곳이란 말은 공간을 의미한다. 그러면서 다시 아버지가 계신 곳으로 간다고 하면서 가서 우리를 위한 장소를 준비하시고 다시 와서 그 곳에서 우리와 함께 살겠다고 하셨다. 그러므로 현재의 천국은 우주 어딘가에 실재하는 공간이다. 우리의 과학 지식으로는 알 수 없는 하나님이 준비하신 특별한 공간에 천국이 있다.

> 이 말씀을 마치시고 그들이 보는데 올려져 가시니 구름이 그를 가리어 보이지 않게 하더라. 올라가실 때에 제자들이 자세히 하늘을 처다 보고 있는데 흰 옷 입은 두 사람이 그들 곁에 서서 이르되 갈릴리 사람들아 어찌하여 서서 하늘을 처다 보느냐 너희 가운데서 하늘로 올려지신 이 예수는 하늘로 가심을 본 그대로 오시리라(행 1:9-11).

예수님은 제자들에게 마지막 유언의 말씀을 주시고는 본래의 처소로 돌아가셨다. 제자들의 눈앞에서 연기처럼 사라지신 게 아니라 공중으로 서서히 올라가셨다. 제자들은 어리둥절해서 계속 하늘만 쳐다 보고 있었다. 구름이 가리워서 더 이상 하늘로 올라가시는 예수님을 볼 수 없었다. 그때 그들 곁에 서 있던 천사들이 "너희 가운데서(너희가 지금 눈으로 보는 대로) 하늘로(천국으로) 올려지신 이 예수는 하늘로 가심을 본 그대로(같은 방식으로) 오신다"라고 말했다.

이것처럼 명백한 구절이 또 있을까? 예수님은 공중으로 올라가시다가 천국으로 이동해 가신 것이다. 그리고 그런 방식으로 다시 재림하신다고 밝혔다. 하늘의 어떤 공간으로 이동해 가신 예수님은 그곳에서 다시 이 땅을 향해서 오실 것이다. 그리고 새 하늘과 새 땅에서 영원히 부활의 성도들과 통치하실 것이다.

천국을 단순히 영적인 곳이라고 주장하는 것은 잘못된 것이다. 천국은 영적이면서도 물리적인 공간이다. 천국이 영적인 것만 있다면 부활의 몸이 왜 필요할까? 예수님의 몸의 부활과 하늘로 승천하신 것은 어떻게 설명할 수 있을까? 다시 말하지만 천국은 영적인 영역이면서 동시에 물리적인 영역이라는 것이다. 앞으로 일어날 몸의 구속 즉 부활의 몸을 입고 새 땅에서 살게 될 날을 기다리고 있는 성도들은 다 현재의 천국에 살고 있다. 이 현재의 천국도 역시 영적인 영역이면서 또 물리적인 영역이다.

우리가 꼭 기억해야 할 것이 있는데 하나님은 영원히 창조주이시고 우리가 부활의 몸을 입는다고 해도 여전히 피조물이라는 것이다. 부활의 몸을 입었다고 해서 피조물의 자리를 벗어나 신이 되는 건 아니다. 하나님은 영이시니까 특별히 거주하실 공간이 필요하신 건 아니다. 그러나 부활의 몸을 가진 우리에게는 거주의 공간이 필요하다. 이유는 간단하다. 우린 죽어서 유령이 되는 게 아니기 때문이다. 유령은 몸이 없으니 처소가 필요치 않다.

성도들은 죽어서 천국에서도 영의 상태로만 존재하는 건 아니다. 그렇다면 현재의 천국이라는 공간이 필요치 않을 수 있다. 현재 천국의 성도들이 부활의 몸을 입을 때까지 일시적인 몸을 가질 수도 있다. 그러나 그것은 가능성일 뿐 정답일지는 모르겠다. 말하고 싶은 요점은 우리는 너무 오랜 시간 동안 교회에서 천국은 영적인 것이고 세상은 물질적인 것인데 영적인 것은 선하고 물질적인 것들은 악하다고 가르쳐 왔다는 점이다.

이것을 플라톤 철학 사상이라고 하는데 교회는 이 사상에 너무나 오랫동안 영향을 받았다. 플라톤 철학의 핵심은 물질적인 것, 즉 사람의 몸이나 이 세상은 악한 것이고 물질적이지 않은 영혼이나 천국 등은 선한 것이라고 보는 것이다. 이원론에 빠진 한국 교회는 심각한 신앙과 삶의 모순을 겪어야 했다. 플라톤 사상의 영향은 결국 천국에까지 미치게 되어 천국은 영적인 것이어야 하지 물리적인 공간이어서는 안 된다는 데까지 왔다. 그러니 그들의 눈에 새롭게 구속받고 부활할 새 땅과 새 하늘이 눈에 들어왔을 리가 없다. 그들은 천국의 물리적 실체를 무조건 부인했다.

만일 저들의 말이 진리라면 우린 중요한 사실을 부정해야 한다. 부활한 몸도 물질적인 것이다. 부활의 몸은 영적인 유령이 절대로 아니다. 만일 부활이 유령의 상태라면 굳이 부활해야 할 이유는 무엇인가? 온 피조 세계가 다 탄식하며 그 부활의 순간을 기다리며 회복을 기다리고 있다. 그것은 물질적인 세계다. 만일 물질적인 세계가 악이라면 부활은 악에 속해야 한다. 새 하늘이나 새 땅도 악인가. 이게 말이 되는 소린가?

천국의 모형 이 세상

> 그들이 섬기는 것은 **하늘에 있는 것의 모형과 그림자라** 모세가 장막을 지으려 할 때에 지시하심을 얻음과 같으니 이르시되 삼가 모든 것을 산에서 네게 보이던 **본을 따라** 지으라 하셨느니라(히 8:5).

참으로 많은 신학자들과 목회자들은 요한계시록을 묵시 문학 종류라고 하여 다 상징으로만 가르치고 있다. 문자로 취하여 해석하면 큰일나니 다 상징적인 것으로만 보아야 한다는 것이다.

그럼 질문이 있다. 하늘 보좌에 펼쳐진 책들도 상징인가? 새 예루살렘도 상징이고, 열두 가지 열매를 맺는 생명의 나무들도 상징인가? 용도 상징이고 불 못도 다 상징인가? 천사들과 금향로를 따라 하늘의 성전에서 기도가 오르고 응답받는 것도 상징인가? 백마를 타고 천사들과 함께 심판주로 오시는 것도 상징인가?

요한계시록을 상징으로 처리하려면 100% 다 상징으로 보아야 한다. 그러면 요한계시록은 하나도 실체가 없이 남게 된다. 하나님이 당시 고난을 당하고 있는 성도들에게 희망과 용기를 주려고 모든 내용들을 상징적인 내용으로 가득 채워 놓으셨다는 게 설득력이 있는가?

열왕기하 2장에 나오는 엘리야의 승천 이야기를 보자.

> 두 사람이 길을 가며 말하더니 불수레와 불말들이 두 사람을 갈라놓고 엘리야가 회오리 바람으로 하늘로 올라가더라(왕하 2:11).

이 구절이 우리말 성경은 좀 약하게 표현돼 있으나 영어 성경은 보다 명확한 설명을 하고 있다.

Suddenly a chariot of fire and horses of fire appeared (갑자기 불수레와 불말들이 나타나서).

엘리사가 스승인 엘리야에게 이 땅을 떠나기 전 자기에게 당신의 영감을 갑절이나 부어주고 떠나라고 간청을 하는 대목이다. 엘리야는 "하나님이 나를 네 눈앞에서 데려가시는 것을 보면 그 일이 이루어지겠다"고 하고 하늘에서 불말들과 불수레가 나타나서 두 사람 사이를 갈라놓고 엘리야는 하늘로 승천을 했다.

불수레와 불말들은 어디서 왔을까? 우리가 사는 세상에 불말들과 불수레가 존재하는가? 아니다. 불말과 불수레는 하늘에서 엘리야를 데려가기 위해 온 것이다. 이것도 상징일까? 천부당만부당한 이야기다. 이것은 분명이 엘리야와 엘리사 사이에 나타나 저들의 눈앞에서 펼쳐진 실제적인 사건이었다. 천국에서 엘리야를 데리러 온 불수레와 불말들(복수임을 주의해서 보라)이지 상징적으로 환상 중에 보여주신 게 아니다.

그렇다면 미루어 짐작하건데(뒤에서 더 자세히 다루겠지만) 현재의 천국에도 동물들이 살고 있을 가능성이 얼마든지 있다는 것을 알 수가 있다. 요한계시록 19장에 보면 예수님이 재림 주로 오실 때에 백마를 타고 하늘의 군대를 타고 심판하러 오시는 장면이 나온다.

내가 말하고자 하는 요점은 성경에 나오는 천국과 관계된 내용들을 함부로 다 상징이라고 말하는 위험에서 벗어나야 실체가 제대로 보인다는 것이다.

모세가 지은 성막은 하나님이 직접 하늘에 있는 성전의 모형으로 보여주신 대로 지은 것이다. 영어 성경에는 'according to the pattern shown you on the mountain'이라고 해서 '산에서 너에게 보여준 패턴대로'(본을 따라) 성막을 이 땅에 지우라고 하신 것이다. 그렇다면 이런 유추가 가능하다. 이 땅에 만들어진 모세의 성막이 하늘 성전의 그림자로 만들어졌다면 천국 성전도 실재적이고 물리적인 성전이지 않을까? 천국에는 성전이 없는데 무슨 본을 따라서 이 세상에 성전을 만들 수 있겠나 생각해 보아야 한다. 본래 원형(substance)이 있어야 모형(shadow)도 가능한 것이다.

천국과 지상을 반대의 개념으로 바라보려 하지 말고 어떤 공통점을 공유하는 겹쳐지는 관점으로 봐야 한다. 히브리서 9장 11절과 24절은 그것을 잘 설명해 준다.

> 그리스도께서 장래 좋은 일의 대제사장으로 오사 손으로 짓지 아니한 것 곧 이 창조에 속하지 아니한 더 크고 온전한 장막으로 말미암아(히 9:11).

> 그리스도께서는 참 것의 그림자인 손으로 만든 성소에 들어가지 아니하시고 바로 그 하늘에 들어가사 이제 우리를 위하여 하나님 앞에 나타나시고(히 9:24).

예수 그리스도는 참 것(천국에 있는 성전)의 그림자인 사람이 이 세상에 만든 성전에 들어가시지 않고 부활 후 바로 하늘 성전에 들어가셨다. 처음부터 이 창조에 속하지 않은 더 위대하고 완벽한 성전이 천국에 있었다. 말씀의 증거가 눈에 보이질 않는가? 너무나 명쾌하게 천국과 지상이 일정부분 겹쳐지는 공통점이 있음을 보이고 있다. 하나님은 우리에게 지상에서 부분적이긴 하지만 미래의 천국을 맛보며 공유하는 은총을 허락해 주신 것이다. 할렐루야!

C. S. 루이스가 한 말은 매우 의미심장하다.

> 천국의 언덕과 계곡은 여러분이 지금 경험하는 것과 비교

해서, 원본에 대한 복사본의 관계도 아니고, 진품에 대한 대체품의 관계도 아닐 것이다. 그것은 마치 뿌리에 대한 꽃의 관계이거나 석탄에 대한 다이아몬드의 관계일 것이다.

이 말은 천국과 지상이 완전히 다른 두 개의 다른 개념이 아니고 하나로 연결된 실체라는 뜻이다. 꽃과 뿌리가 분리될 수 없는 하나의 생명체이듯이 지상과 천국은 불연속적인(discontinuous) 상태에 있지 않은 것이다. 좀 더 쉬운 말로 하자면 지상에서의 모든 잠재력이 완전히 실현된 상태가 천국이라는 말이다.

예를 들어, 지금 우리가 살고 있는 도시가 천국에도 있을까? 나는 있다고 믿는다. 예수님은 아버지 집(천국)에 있을 곳이 많다고 하셨다. 그리고 믿음의 조상들은 더 낳은 도성(city)를 바라보고 죽었다고 했다. 그리고 하나님은 그들을 위해 한 도시(city)를 준비하셨다고 했다(히 11:16).

여기서 우리가 즐겨 맛있게 먹는 과일들은 어떨까? 천국에도 과일들이 있을까? 물론이다. "이기는 자에게는 하나님의 낙원에 있는 생명나무의 열매를 주어 먹게 한다"고 했고(계2:7), 하나님과 어린양의 보좌로부터 흘러 나온 생명수의 강물이 길 가운데로 흐르는데 강 좌우에 생명나무가 있어 열두 가지 열매를 달마다 맺는다고 했다. 각종 과일들이 있음을 암시하고 있다.

아마 여러분들은 부활한 몸이 왜 음식을 먹느냐고 물을 것이다. 부활의 몸은 죄와 저주가 사라진 영생의 몸이기에 사실상 생존을 위해서, 허기가 져서 음식을 먹어야 할 이유가 전혀 없다. 그러나 동시에 먹어서 느끼는 기쁨도 배제하지 않으신다. 다만 배설의 행위는 없을 것이다. 완전한 연소와 흡수로 배설이 필요없기 때문이다. 예수님도 부활하신 후에 제자들이 구워 놓은 생선과 떡을 먹지 않았는가?

낙원을 생각한다

흔히 파라다이스(Paradise)로 불리는 낙원, 예수님도 십자가 위에서 옆의 한 강도에게 "네가 오늘 나와 함께 낙원에 있으리라"고 하셨다. 예수님과 함께 가는 낙원은 어디일까? 물론 천국을 말한다. 예수님이 천국 말고 어디로 가신다는 말인가! 여기서 낙원이라는 단어의 뜻을 잠시 생각해 보자. 천국을 이해하는 데 도움이 될 것이다.

'낙원(Paradise)'라는 단어는 페르시아어 '파이리다에자(pairidaeza)'에서 온 말로 "담장으로 둘러싸인 공원, 울타리 쳐진 공원"이란 뜻이다. 이 단어는 페르시아의 왕이 살던 높은 담장이 쳐진 왕궁을 의미하기도 했다. 그런데 이 '담장으로 둘러싸인 공원'이란 뜻은 야생 상태의 정원이 아니라 사람의 다스림 아래 있는 정원이다. 정원사들이 돌보지 않아 그냥 잡풀이 무성하게 자란 흉한 정원이 아니라 정원사들의 손길에 의해 아름답게 잘 가꾸어진 정원을 뜻한다.

우리는 종종 지금 이 세상에서도 정원사들이 가꾸어놓은 정말 아름다운 공원들을 본다. 너무나 아름다워서 황홀한 정원들도 매우 많다. 내가 40년 가량 살아본 미국은 자연을 인간과 친화적으로 가꾸는 일에 있어서 세계 제일이라고 나는 생각한다. 아름다운 곳이 얼마나 많은지 모른다. 정원사들의 손길과 자연이 어우러진 그 아름다움은 사진으로 담아 내기에도 역부족이다. 내가 이런 아름다운 정원들을 볼 때마다 언제나 천국에서 보게 될 것들의 모형이라는 생각을 늘 한다. 천국의 정원은 얼마나 더 황홀하고 완전하며 신선할까 생각하곤 한다.

낙원은 단지 어떤 형이상학적이거나 영적인 의미만을

가진 비유적인 개념이 아니다. 그 단어가 보여주는 그대로 실재로 자연의 아름다움과, 환희 그리고 행복으로 하나님과 그의 백성들이 함께 모여 사는 실재적인 공간이다. 최초의 에덴동산과 같은 거대한 정원인 셈이다(물론 에덴보다는 상상할 수 없을 만큼 크겠지만).

그러면 누구를 위해 정원을 이토록 아름답게 가꿀까? 꽃을 위해서 아니면 새들을 위해서일까? 아니다. 하나님이 당신의 형상을 따라 지으시고 매우 행복해하신 인간을 위해 파라다이스 정원을 만드시고 가꾸신 것이다. 파라다이스가 의미하는 잘 가꾸어진 정원이라는 사실을 주목하라!

시편 8편 5절에 보면 "그를(사람을) 하나님보다 조금 못하게 하시고 영화와 존귀로 관을 씌우셨나이다"라고 하면서 하나님이 창조하신 인간의 가치와 위치를 매우 높이 평가하고 있다. 여기 '하나님'이라는 단어는 창세기 1장에 천지를 창조하시던 하나님과 동일한 단어다.

하나님이 보시고 행복해하신, 아주 흡족해하셨던, 당신이 너무나도 사랑하시는 구속받은 인간을 위해, 다른 말로 천국에 있고 또 천국에 올 성도들을 위해 낙원을 가꾸어 주셨다는 말이다. 할렐루야! 순전히 구속받은 우리 성도들을 위한 아름다운 정원인 것이다. 그 지고한 아름다운 낙원에서 아버지 하나님을 경배하며 성도들 간에 화목한 교제가 이루어지며, 예수 그리스도 우리 주와 함께 구속받은 성도들이 우주의 통치에 참여한다는 사실은 우리를 매우 흥분시키고도 남는다.

참고로 에덴동산은 파괴되어 사라진 게 아니다. 죄를 지은 인간이 죄를 가진 상태로 생명나무 열매를 따먹고 영생할까 싶어 하나님이 그룹들과(Cherubim) 두루 도는 불칼로 에덴동산의 입구를 못 찾게 하신 것이다. 아담 이후로 인간은 더 이상 에덴으로 들어가는 길을 찾을 능력이 상실된 것이지 성경은 어디에도 에덴동산이 물리적인 공간에서 영적인 것으로 변했다고 말하는 곳이 없다.

지금 천국의 성도들은 몸을 가지고 있을까?

앞에서 말한 바와 같이 로마서 8장 23절에 따르면 (아담의 타락 이래로) 지금까지 모든 피조물이 탄식하고 하나님의 아들들이(현재 천국의 성도들이) 나타나기를(재림하실 때 예수님과 함께 오기를) 간절히 고대하고 있다. 그리고 천국에 있는 성도들이나 이 땅에 남아 있는 우리까지도 양자 될 것 몸의 구속을(부활의 몸을 입을 날을) 고대하고 있다고 말한다.

그러면 아직 그 날이 오지 않았는데 '지금 천국에 있는 성도들은 몸을 가지고 있는 것일까' 생각해 볼 수 있다. 우리 구주이신 예수님은 이미 부활의 몸을 가지셨으니 당연히 지금 천국에서도 몸을 가지고 있다. 죽지 않고 하늘로 올라간 에녹, 불수레를 타고 하늘로 올라간 엘리야도 당연히 몸을 가지고 있다. 그렇다면 이 세 분의 경우를 본다면 현재 천국의 성도들도 어떤 형태의 몸을 가지고 있을 수 있다고 유추해 볼 수 있지 않을까?

아직 구속의 완전한 몸을 가지지는 못했지만 하나님은 얼마든지 천국의 성도들에게 부활의 날까지 임시적인 몸을 주실 수 있다고 나는 생각한다. 변화산 상에 나타난 모세와 엘리야의 경우도 마찬가지다. 모세와 엘리야는 예수님과 함께 예수님의 죽으심을 즉 구속의 사역에 대해 이야기들을 나누었다. 그런데 모세와 엘리야는 이 땅에 있을 때 모습을 하고 있었다.

이렇게 에녹이나 엘리야, 그리고 변화산 상의 모세나 엘리야를 봤을 때 현재 천국에 있는 모든 성도들도 부활의 날 전까지는 일시적인 몸을 허락받았을 수 있다고 나는 생각한다. 왜냐하면 하나님은 인간을 창조하실 때 먼저 흙으로 사람의 모양을 만드시고 코에 영을 불어넣으셔서 인간을 만드셨기 때문이다. 영이 거하는 장소는 몸이다. 몸 밖에 영이 살 수 없다. 그것이 창조의 섭리다.

천국은 죽은 성도들의 영만 살거나 떠돌아다니는 공상 유령 영화 같은 곳이 아니다. 예수님이 대표적인 예다. 예수님은 부활의 몸을 입으시고 천국으로 가셨다. 그러면 예수님만 몸을 가지고 다른 성도들은 영만 있다면 말이 되겠는가?

인간 세계의 죽음의 성경적인 해석은 몸에서 영이 떠나는 것이다. 분리되는 것이 죽음이다. 원래 죄가 들어오기 전 하나님의 계획은 인간의 몸이 영과 영원히 하나가 되어 영생하는 존재로 사는 것이었다. 그런데 죄가 들어오면서 죽음이 찾아오고 인간의 몸에서 영이 떠나는 아픔을 겪게 된 것이다. 그것을 육체의 죽음이라고 한다.

하나님과 천사사들은 영이다. 그러나 인간은 몸과 영을 동시에 가지고 있는 존재다. 창조 이래로 인간은 몸이 없이 영으로만 존재한 적이 없다. 성경은 인간이 하나님을 예배할 때 몸과, 영과 혼을 다해서 하도록 명하고 있다. 영으로만 예배를 드리지 않는다. 전 인격이 창조주 하나님을 전심으로 예배하는 것이다. 그러므로 천국에서 영만 있고 몸이 없다는 것은 창조 질서에도 어긋나고 성경적으로도 맞지 않다.

너희로 내 나라에 있어 내 상에서 먹고 마시며(눅 22:30).

천국에서 우리는 예수님의 상(table)에서 예수님과 함께 먹고 마신다. 명확하지 않은가! 예수님의 식탁에서 혹은 잔칫상에서 예수님이 호스트가 되고 우리는 게스트가 되어 테이블 주변에 둘러 앉아서 즐겁고 행복하게 큰 웃음으로 먹고 마시는 일상이 있음을 암시하고 있다.

가나의 혼인잔치도 천국의 잔치에 그림자 성격이라면, 지상에서 연회나 축제들도 천국에서 누리게 될 일들의 그림자라고 볼 수 있다. 먹고 마시는 천국에 영만 있다면 어찌할 것인가? 불신자들은 제사상을 차려놓고 조상의 혼령들이 와서 그 음식을 먹는다고 믿는다. 천국에 몸이 없고 영만 있다면 이들이 주장하는 것과 다를 것이 무엇인가?

먹고 마시는 행위는 반드시 몸을 가지고 있어야 한다. 영이 먹고 마실 수는 없다. 몸이 있어야 가능한 일이다.

현재의 천국에 있는 모든 성도들은 지금 예수님과 함께 그 상에서 먹고 마시며 즐거운 노래로 찬양하며 안식과 평화를 누리고 있을 것이다. 또 하나님 보좌 우편에서 우리를 위하여 지금도 중보하고 계시는 예수님과 함께 그 중보와 통치 사역에 참여하고 있을 것이다.

부자와 거지 나사로의 이야기

한 부자가 있어 자색 옷과 고운 베옷을 입고 날마다 호화롭게 즐기더라 그런데 나사로라 이름하는 한 거지가 헌데 투성이로 그의 대문 앞에 버려진 채 그 부자의 상에서 떨어지는 것으로 배불리려 하매 심지어 개들이 와서 그 헌데를 핥더라 이에 그 거지가 죽어 천사들에게 받들려 아브라함의 품에 들어가고 부자도 죽어 장사되매 그가 음부에서 고통중에 눈을 들어 멀리 아브라함과 그의 품에 있는 나사로를 보고 불러 이르되 아버지 아브라함이여 나를 긍휼히 여기사 나사로를 보내어 그 손가락 끝에 물을 찍어 내 혀를 서늘하게 하소서 내가 이 불꽃 가운데서 괴로워하나이다 아브라함이 이르되 얘 너는 살았을 때에 좋은 것을 받았고 나사로는 고난을 받았으니 이것을 기억하라 이제 그는 여기서 위로를 받고 너는 괴로움을 받느니라 그뿐 아니라 너희와 우리 사이에 큰 구렁텅이가 놓여 있어 여기서 너희에게 건너가고자 하되 갈 수 없고 거기서 우리에게 건너올 수도 없게 하였느니라 이르되 그러면 아버지여 구하노니 나사로를 내 아버지의 집에 보내소서 내 형제 다섯이 있으니 그들에게 증언하게 하여 그들로 이 고통 받는 곳에 오지 않게 하소서 아브라함이 이르되 그들에게 모세와 선지자들이 있으니 그들에게 들을지니라 이르되 그렇지 아니하니이다 아버지 아브라함이여 만일 죽은 자에게서 그들에게 가는 자가 있으면 회개하리이다 이르되 모세와 선지자들에게 듣지 아니하면 비록 죽은 자 가운데서 살아나는 자가 있을지라도 권함을 받지 아니하리라 하였다 하시니라 (눅 16:19-31).

어떤 이들은 이 본문은 하나의 비유라고 말한다. 여기 나오는 지옥의 표현이나 부자의 고통 등은 실재적인 게 아니고 모두 비유라고 주장한다. 물론 어떤 부분들은 성경에서 비유적으로 봐야 할 부분도 있다. 그러나 우리는 일차적으로 성경은 문자적으로 취해야 한다는 것을 기억해야 한다.

예수님은 거지의 이름이 나사로임을 말한다. 이것도 예수님이 그냥 지어내서 말한 것인가? 신약 성경에서 예수님이 천국과 지옥 이야기를 하시면서 사람의 이름을 직접 거론하기는 여기밖에 없다.

이제 이 본문의 요소들을 하나씩 나열해 보자.

- 거지 나사로가 죽었을 때 천사들이 그를 천국으로 데려갔다.
- 부자는 죽었을 때 고통의 장소인 음부(지옥)으로 내려갔다.
- 나사로는 아브라함과 함께 있었으나 부자는 혼자였다.
- 원래 천국과 지옥은 서로의 영역을 넘나들 수가 없도록 되어 있다. 그러나 이 경우는 정상은 아니지만 특별한 예외로 볼 수 있다. 그래서 천국의 아브라함과 지옥의 부자가 서로 대화를 할 수 있었던 것이다.
- 부자와 아브라함은 둘 다 자신들이 지구에서 떨어진 곳에 있음을 인식하고 있었고 지상에서의 삶은 천국에 직접적으로 연결된다는 것을 알고 있었다.
- 부자나 거지 나사로는 몸을 가지고 있었음을 보여준다. 부자는 자기 혀에 물을 찍어 주어 시원케 해 달라고 애원했고 나사로는 손가락이 있어 물을 찍을 수가 있었다. 이것을 비유적이라고 보더라도 분명한 것은 부자나 나사로나 둘 다 몸을 가지고 있었음에는 틀림이 없다는 것을 알 수 있다.

- 부자는 음부에서도 지상에 있는 자기 형제들을 기억하였고 그들의 미래 운명을 걱정했다. 그래서 나사로를 자기 집으로(지상에 보내어) 보내 형제들에게 죽어서 이 고통스러운 음부에 오지 않게 해 달라고 요청했다.
- 아브라함은 천국과 지옥 사이에 큰 구렁텅이가 있어 누구도 건너올 수 없다고 했다.

여기서 간단하게 중요한 것들을 정리하자면 천국이나 지옥에서도 이성과 기억이 존재하고 있다는 것과, 몸을 가지고 있고, 지상에서의 삶과 지옥과 천국의 삶이 연결 관계에 있다는 점이다. 지옥에 있는 사람은 비참하고 소망이 없으며 고립된 삶을 영원토록 살게 되고, 천국에 있는 사람들은 위로와 기쁨 속에 살아 계신 하나님과 또 다른 성도들과 함께 부요한 관계를 누리며 영생을 산다는 것이다. 이게 이 본문의 중요한 결론이라고 말할 수 있다.

Chapter 4

현재의 천국은 어떤 모습일까?

다섯째 인을 떼실 때에 내가 보니 하나님의 말씀과 그들이 가진 증거로 말미암아 죽임을 당한 영혼들이 제단 아래에 있어 큰 소리로 불러 이르되 거룩하고 참되신 대주재여 땅에 거하는 자들을 심판하여 우리 피를 갚아 주지 아니하시기를 어느 때까지 하시려나이까 하니 각각 그들에게 흰 두루마기를 주시며 이르되 아직 잠시 동안 쉬되 그들의 동무 종들과 형제들도 자기처럼 죽임을 당하여 그 수가 차기까지 하라 하시더라(계 6:9-11).

먼저 이 본문을 관찰해 봄으로 현재 천국을 엿보려 한다.

① 성도들이 죽으면 천국으로 바로 이주를 하게 된다(9절).
② 천국에 있는 이 사람들은 지상에 살다가 그리스도를 위하여 죽은 사람들과 똑같은 사람들이다(9절). 이것은 지상에서의 정체성과 천국에서의 정체성 간에 직접적인 연속성이 있음을 보여주는 것이다. 현재 천국에 있는 사람들은 지상에 있던 사람들과 전혀 다른 사람들이 아니다.
③ 천국에 있는 사람들은 지상에 있었던 자신들의 삶을 기

억할 것이다. 왜냐하면 지상에서 그들이 가졌던 증거들로 인해 죽임을 당한 것을 알고 있었기 때문이다(9절).

④ "그들은 큰 소리"로 하나님께 요청을 했다. 이것으로 볼 때 천국의 사람들은 몸을 가지고 있어서 자신들의 생각을 소리로 표현할 수 있다는 것을 알 수 있다(10절).

⑤ 천국의 사람들이 "큰 소리"를 냈다는 것은 그들이 이성적이고, 감정이 있으며 대화가 가능하며 열정이 있다는 것을 알 수 있다.

⑥ 그들이 "큰 소리"를 냈는데 그것은 단수였다(a loud voice). 모든 천국의 사람들이 한 목소리를 냈다는 뜻인데, 그것은 천국이 연합의 장소이며 관점들을 서로 공유하고 있다는 뜻이다.

⑦ 천국의 순교자들은 하나님께 지상에서 일어나는 일에 자신들을 대신하여 개입해 줄 것을 요청하고 있다(10절).

⑧ 천국에 있는 사람들은 지금 땅에서 일어나고 있는 일들을 알고 있다. 죽임을 당한 순교자들은 지상에서 자기들을 죽인 자들이 아직 심판받지 않고 있다는 것을 인지하고 있다(10절).

⑨ 천국의 거주민들은 공의와 징벌에 관하여 깊은 관심을 가지고 있다(10절). 우리가 천국에 가면 지상에서 일어

나고 있는 일들에 관하여 수동적인 태도로 무관심해지지 않을 것이다. 반대로 더 큰 공의를 바라며 우리의 최종 원수가 심판을 받고, 우리의 몸은 부활하며, 죄와 사탄은 패배하고, 지구는 새 땅으로 회복되고 예수 그리스도께서 모든 피조물 위에 높임을 받으시는 그 순간까지 하나님도 우리도 만족해하지 않을 것이다.

⑩ 천국의 순교자들은 자기들이 무엇 때문에 죽임을 당했는지를 잘 알고 있고 지상에서의 삶을 기억하고 있다(10절).

⑪ 천국에 있는 사람들은 하나님의 거룩하고 참된 성품을 잘 보고 있다. 그래서 죄에 대한 심판을 요청한 것이다(10절).

⑫ 순교자들이 흰 옷을 입었다는 것은 저들이 몸을 가지고 있음을 보여준다. 영만 있다면 어떻게 옷을 입을 수가 있겠는가?

⑬ 여기가 재미 있는 부분인데 하나님은 순교자들의 질문에 답을 주셨다는 것이다(11절). 이것은 다음과 같은 사실을 암시하고 있는데 천국에서도 대화와 과정이 있다는 뜻이다. 천국에 있는 성도들이 모든 것을 다 아는 것은 아니다. 그렇다면 질문하지 않았을 것이다.

⑭ 하나님은 순교자들의 요청을 이루어 주겠다고 약속하

셨다(11절). 그러나 그 약속이 이루기까지 잠시 동안 기다리라고 하셨다. 궁극적인 영원한 천국 새 하늘과 새 땅에서는 죄, 저주, 고통이 없을 것이다(계 21:4). 그러나 현재 천국은 죄와 저주 그리고 고통 아래 놓인 지구를 지켜보는 상태에 있다.

⑮ 현재의 천국에서는 시간 개념이 존재한다(10-11절). 흰옷 입은 순교자들은 "우리 피를 갚아 주지 아니하시기를 어느 때까지 하시려 하나이까"라고 한다. 하나님은 그 질문에 "잠시 동안" 더 기다려야 한다고 말씀하셨다. 하나님이 심판하시는 시간이 올 때까지 기다려야 한다는 것이다. 명확하게 시간 개념이 존재한다.

⑯ 이 부분도 매우 흥미롭고 놀랍다. 천국에 있는 하나님의 백성들은 지상에 있는 자들과 매우 강력한 가족적 관계를 가지고 있다. 11절 보면 "그들의(순교자들의) 동무 종들과 형제들도 자기처럼 죽임을 당하여 그 수가 차기까지 하라"고 말씀하셨다. '그들의 (순교자들의) 동역자 종들과 형제들'이라고 불렀다. 에베소서 3장 15절을 보면 더욱 정확하다.

이러므로 내가 하늘과 땅에 있는 **모든 각 족속**에게 이름을 주신 아버지 앞에 무릎을 꿇고 비노니(엡 3:14-15).

⑰ '각 족속'으로 번역된 우리말은 원래 "모든 가족에게"(every family or whole family)라는 뜻이다. 원래 하나님은 하늘과 땅의 모든 족속들을 하나의 가족으로 만드셨다. 천국에서는 민족들의 구분 없이 한 아버지 밑에서 예수 그리스도를 신랑으로 우리 모두는 신부로 한 가족이 되어 살 것이다. 천국에서도 분명히 지상에 살 때의 가족들을 다 인지하고 반가워하고 재회의 기쁨을 누리지만 지상에서처럼 혈연적 관계에 묶여서 '내 가족, 네 가족'이라는 개념은 더 이상 존재하지 않을 것이다. 오직 한 분 하나님을 아버지로 하여 살아가는 거대한 가족들로 살 것이다.

③번을 더 깊이 보기 - 천국에서도 땅의 일을 기억할까?

천국에 있는 사람들은 지상에 있었던 자신들의 삶을 기억할 것이다. 왜냐하면 지상에서 그들이 가졌던 증거들로 인해 죽임을 당한 것을 알고 있었기 때문이다(9절).

부자와 거지 나사로의 사건(눅 16:25)을 보면 "이것을 기억하라 이제 그는 여기서 위로를 받고 너는 괴로움을 받느니라"고 말한다. 왜 위로를 받을까? 그것은 나사로가 지상에 있을 때에 고난을 받았기 때문이다. 이 세상에서 고난을 당한 것에 대한 위로를 천국에서 받고 있었다. 그렇다면 나사로는 분명하게 자신이 이 세상에 있을 때의 일을 기억하고 있는 것이다. 자기가 고난을 받고 살았다는 기억이 없는데 무슨 위로가 필요할까! 위로라는 것은 이 세상에서 살 때 있었던 어떤 일에 대한 것이다.

천국에 가면 모든 성도들은 자기의 행위에 따라 상급을 받는다. 상급 역시 우리가 이 세상에서 주와 그의 나라를 위해 행했던 모든 것들을 근거로 주시는 것이다. 그러면 상급을 받는 사람이 아무 기억이 없다면 상급의 의미가 없지 않은가! 물론 천국에서의 기억력은 지상에서의 기억력과는 비교도 안 되게 뛰어날 것이다. 그래서 다 생각이 날 것이다. 마태복음 12장 36절을 보자.

> 내가 너희에게 이르노니 사람이 무슨 무익한 말을 하든지 심판 날에 이에 대하여 심문을 받으리니(마 12:36).

그리스도의 심판 앞에 서는 날에는 우리가 살면서 했

던 모든 무익했던 말들이 다 생각나고 판단을 받는다고 말씀하신다. 지상에서의 기억보다 천 배나 만 배나 뛰어난 기억력을 가지게 될 것이다. 그래서 우리의 말로 하나님께 직고하는 때가 온다고 한 것이다.

> 네가 어찌하여 네 형제를 비판하느냐 어찌하여 네 형제를 업신여기느냐 우리가 다 하나님의 심판대 앞에 서리라 기록되었으되 주께서 이르시되 내가 살았노니 모든 무릎이 내게 꿇을 것이요 모든 혀가 하나님께 자백하리라 하였느니라 이러므로 우리 각 사람이 자기 일을 하나님께 직고하리라(롬 14:10-12).

우리가 무슨 기억력이 그렇게 좋아서 일생의 사람들을 업신여기며 했던 수많은 말들을 다 기억할 수 있겠는가? 불가능하다. 그러나 천국에 이르는 날 우리는 매우 놀라운 경험을 할 것이다. 그것은 우리가 일생 동안 뱉으며 살았던 수많은 말들이 너무나 생생하게 컴퓨터처럼 다 기억이 나서 하나님께 사실대로 다 말할 것이기 때문이다. "우리 각 사람은 자기 일을 하나님께 직접 말하게 될 것이다."

따라서 이 모든 말씀들을 종합해 볼 때 천국에서도 기억이 살아있다는 것을 알 수 있다.

⑧번을 더 깊이 보기-천국에 있는 사람들은 지금 땅에서 벌어지는 일을 알고 있을까?

> 천국에 있는 사람들은 지금 땅에서 일어나고 있는 일들을 알고 있다. 죽임을 당한 순교자들은 지상에서 자기들을 죽인 자들이 아직 심판 받지 않고 있다는 것을 인지하고 있다 (10절).

위에서 언급한 요한계시록 6:9-11에서는 순교자들이 하나님이 아직 그들을 죽인 자들에 대해 심판을 하지 않고 있다는 것을 알고 있었음을 보여주었다. 이것은 천국의 거주민들이 이 땅에서 일어나고 있는 일들을 어떤 특정한 부분에서(하나님이 허락하셔야 한다는 전제가 있음) 안다는 것을 보여준다. 요한계시록 18장을 보면 더욱 명확해진다.

> 하늘과 성도들과 사도들과 선지자들아 그로 말미암아 즐거워하라 하나님아 너희를 위하여 그에게 심판을 행하셨

음이라 하더라(계 18:20).

바벨론이 무너져 내릴 때 천사는 땅에서 일어난 일을 콕 집어 말하면서 하늘과 성도들, 선지자들, 사도들에게 기뻐하라고 한다. 그 천사는 땅에서 무슨 일이 벌어졌는지를 알고 있는 천국에 있는 성도들, 선지자들, 사도들을 특정하여 말한 것이다. 천국에 있는 사람들이 바벨론이 멸망하기를 바라고 있었다는 것을 암시하고 있지 않은가? 그러니 천사가 바벨론이 망할 때 그것을 기다리며 알고 있던 천국 주민들에게 드디어 바벨론은 멸망했다고 기쁨의 소식을 전해준 것이다.

> 이 일 후에 내가 들으니 하늘에 허다한 무리의 큰 음성 같은 것이 있어 이르되 할렐루야 구원과 영광과 능력이 우리 하나님께 있도다 그의 심판은 참되고 의로운지라 음행으로 땅을 더럽게 한 큰 음녀를 심판하사 자기 종들의 피를 그 음녀의 손에 갚으셨도다 하고(계 19:1-2).

교회와 그리스도의 원수였던 바벨론이 멸망하자 천국에서는 엄청난 숫자의 성도들이 사자가 포효하듯이 소리를 외치며 할렐루야를 외쳤다. 그동안 기다리고 고대하던 교회의 승리였다. 교회를 괴롭히고 성도들을 죽이고 핍박하던 원수들이 드디어 심판을 받은 것이기에 그 환호성은 말로 다 할 수 없었다. 비교할 수는 없지만 한국이 일본의 식민 통치에서 해방되던 날 길거리에 쏟아져 나와 온 국민들이 기쁨의 함성을 지르던 것과 같은 것이다. 지긋지긋했던 일본의 악랄한 지배가 끝난 것이다. 그 해방감과 자유 빼앗긴 나라와 언어, 문화와 풍습 등을 도로 찾게 됐고 오늘날의 대한민국을 건설할 수 있게 됐다.

천국의 성도들은 바벨론 심판에 대한 승리의 기쁨을 함께 누리며 승리의 하나님께 영광을 돌리고 있다. 이 구절을 잘 보면 천국의 성도들은 땅에서 무슨 일이 벌어지는지를 관찰하고 있다는 것을 알 수 있다. 모르면서 무슨 감격이 있고 감사가 있겠는가! 이 승리의 마지막 순간을 천국 주민 모두는 애타게 기다리고 있었던 것이다.

지금 땅에 사는 우리는 하늘의 일에 무지할 수 있겠지만 현재 천국에 사는 성도들은 땅의 일을 무관심하게 바라보지 않을 것이다.

이 말씀을 하신 후 팔 일쯤 되어 예수께서 베드로와 요한과

> 야고보를 데리고 기도하시러 산에 올라가사 기도하실 때에 용모가 변화되고 그 옷이 희어져 광채가 나더라 문득 두 사람이 예수와 함께 말하니 이는 모세와 엘리야라 영광중에 나타나서 장차 예수께서 예루살렘에서 별세하실 것을 말할새(눅 9:28-31).

변화산에 나타난 모세와 엘리야는 예수님이 지상에서 하고 계시는 구속의 사건을 충분히 알고 있었다. 현재의 천국에서 하나님의 특별한 허락을 받고 지상을 방문한 것이다. 예수님과 셋이 회의를 했는데 그 내용이 자세히 적혀 있지는 않지만 '예수님이 이 땅을 떠나 천국으로 귀환'하실 것에 대해 말한 것은 틀림없다. 나는 이것을 천국의 '각료회의'라고 부른다.

그렇다면 천국에서 온 모세와 엘리야는 예수님의 수난과 죽음 그리고 부활까지 구속의 사역을 다 알고 있었음에 틀림없다. 아무것도 모르는데 지상에 와서 예수님을 만나서 무슨 이야기를 나누겠는가? 이 사실 하나만 보아도 천국에 있는 사람들은 지상에서의 일들을 전혀 모른다고 할 수 없다. 모든 것을 세세히 다 알 필요는 없지만 하나님이 허락하시는 필요한 일들은 다 알고 있는 것이다.

천국의 응원?

> 이러므로 우리에게 구름 같이 둘러싼 허다한 증인들이 있으니 모든 무거운 것과 얽매이기 쉬운 죄를 벗어 버리고 인내로써 우리 앞에 당한 경주를 하며 믿음의 주요 또 온전하게 하시는 이인 예수를 바라보자 그는 그 앞에 있는 기쁨을 위하여 십자가를 참으사 부끄러움을 개의치 아니하시더니 하나님 보좌 우편에 앉으셨느니라(히 12:1-2).

지구는 우주의 주 경기장(main stadium)

나는 지구가 우주의 주 경기장이라고 믿는다. 하나님의 창조와 구속의 모든 역사는 지구에서 시작을 했고 지구에서 끝을 본다. 아직 다 끝나지 않은 하나님의 드라마, 예수 그리스도의 재림은 모두 이 주 경기장인 지구에서 벌어질 것이다. 그렇기 때문에 천국의 성도들은 지구에서 일어나는 일들을 관찰하고 있다는 것이다.

요한계시록 2-3장에 나오는 일곱 교회 이야기들을 보면 예수님이 천국에서 얼마나 주의 깊게 교회에서 일어나는 일들(하나님의 자녀들)과 땅에서 일어나는 일들을 보고 계시는지 알 수 있다. 전능하신 주권자가 땅의 일을 주의 깊게 내려다보신다면 천국의 성도들 역시 땅의 일을 주의 깊게 보고 있을 수 있다는 것은 너무나 당연하다.

사람들이 내게 종종 묻는 질문이 있다. 천국에서도 기도를 하느냐고. 나는 그렇다고 답한다.

> 그러므로 자기를 힘입어 하나님께 나아가는 자들을 온전히 구원하실 수 있으니 이는 그가 항상 살아 계셔서 그들을 위하여 간구하심이라(히 7:25).

> 누가 정죄하리요 죽으실 뿐 아니라 다시 살아나신 이는 그리스도 예수시니 그는 하나님 우편에 계신 자요 우리를 위하여 간구하시는 자시니라(롬 8:34).

와우! 지금 예수님은 부활의 몸을 가지시고 천국에서 지상의 성도들을 위하여 중보 기도를 해 주고 계신다. 예수님은 아직 일이 끝나신 게 아니다. 우리의 마지막 원수가 무릎을 꿇고 그에게 경배하며 영원한 불 못에 결박될 때까지 예수님은 현재 천국에서 여전히 지상의 교회와 하나님의 자녀들을 위한 중보의 일을 하고 계신다.

우리의 주요 영원하신 왕이신 예수께서 천국에서 지상을 위해 중보하신다면 천국에 있는 성도들이 지상의 교회와 성도들을 위해 중보하는 것은 아주 자연스러운 일이라고 믿는다. 천국까지 가서 기도 생활을 하느냐고 반문할 수 있다. 아마도 기도가 짐이거나 지겨운 사람들의 불평일 것이다. 천국은 죄와 저주가 완전히 사라진 곳이다. 그래서 중보하며 기도하는 일이 지상에서처럼 노동이거나 고역이 아니다. 복되고 기대감으로 넘치며 예수님과 우주적 통치에 참여하고 있다는 홍분으로 중보하고 있을 것이다.

천국에서 먼저 간 성도들의 응원이 있다면 그것은 아마도 두 가지 측면에서 일 것이다. 하나는 예수님과 함께 중보를 해주는 응원일 것이고 또 하나는 지구라는 경기장 안에서 벌어지는 구원의 게임을 응원하는 실제적인 기쁨의 함성일 것이다.

히브리서 12장 1절의 "구름 같이 허다한 증인들"은 지상의 교회와 성도들을 향해 잘 싸우라고 격려하며 응원의 함성을 보내주고 있을 것이라 믿는다. 천국에서의 중보는 지상을 향한 진정한 응원이 아닐까? 그런데 여기 결정적인 성경 구절이 하나 있다.

내가 너희에게 이르노니 이와 같이 죄인 한 사람이 회개하면 하나님의 사자들 앞에 기쁨이 되느니라(눅 15:10).

영어로 이 구절을 보면 이 뜻이 더욱 선명하다.

> In the same way, I tell you, there is rejoicing <u>in the presence of the angels of God</u> over one sinner who repents.

해석을 하면 이렇다. 이 지상에서 죄인 한 명이 돌아와 하나님의 자녀가 될 때 천국에서는 하나님의 사자들 앞에서 즉 천사들 앞에서 기뻐한다는 것이다. 이 구절은 '천사들이 기뻐한다'고 말하지 않고 '천사들 앞에서 (누군가가) 기뻐한다'고 돼 있다. 더 정확하게 번역을 하자면 "천사들이 있는 그 자리에서 (누군가가) 기뻐하고 있다"는 뜻이다.

논리적으로 누가 기뻐하는지 답을 찾는 일이 어려워 보이지 않는다. 하나님 아버지가 기뻐하시고 동시에 천국에 있는 성도들이 춤추며 기뻐하는 것이라 볼 수 있다. 잃은 자를 찾아 구원하러 오신 예수 그리스도가 고난과 죽음 그리고 부활 승천을 통해 천국에 계시는데 그 예수님을 구주로 모시고 살다가 죽어 천국에 간 성도들이 잃은 영혼 하나가 천국 백성이 될 때 얼마나 기뻐하겠는가를 상상해 보라!

이 세상에 살 때도 한 영혼을 예수님의 명령에 따라 전도했을 때 기쁨이 흘러 넘쳤던 경험과 기억이 있는 성도들이 천국에서 이걸 모를 리가 없다. 아직 완성되지 않은 구속 사역은 지상에서 진행 중이다. 천국의 성도들도 이걸 알고 중보와 응원으로 동참하고 있다. 얼마나 큰 위로가 되는가!

기억의 문제?

많은 사람들이 '만일 현재 천국에서 이 지상의 일을 안다면 그 모든 고통과 악의 활동을 보면서 행복할 수 없을 텐데 그게 천국이냐'고 반문한다. 그러나 성경을 조금 자세히 살펴보면 그 반문에 문제가 있음을 알게 된다.

부자와 거지 나사로의 경우를 보자. 물론 아주 특별하게 허락된 천국의 영역과 지옥의 영역에서 서로 바라보고 대화가 이루어진 경우지만 지옥에서 고통받는 부자를 보고 아브라함의 품에 안긴 거지 나사로가 고통을 느끼거나 슬픔을 느끼지 않았다. 천국에서의 기쁨을 조금도 잃지 않고 영향도 받지 않고 있음을 본다.

바울이 회심하던 사도행전 9장 4절을 보자!

> 땅에 엎드러져 들으매 소리가 있어 이르시되 사울아 사울아 네가 어찌하여 나를 박해하느냐 하시거늘(행 9:4).

믿는 이들을 핍박하고 잡으러 가던 바울에게 예수님이 나타났다. 이때는 이미 예수님은 지상에 계시지 않고 천국으로 돌아가신 후였다. 그 예수님이 바울에게 '너는 왜 나를 박해 하느냐'고 물으셨다. 이 말에는 예수님의 일종의 근심 어린 마음(grieve)이 묻어난다. 천국에는 기쁨만 있어야지 무슨 근심 같은 게 존재하느냐고 묻는다면 이 구절에 대한 답을 주어야 한다.

예수님이 현재 천국에 계시다고 해서 지상에서 하나님의 자녀들과 교회가 당하는 고난과 핍박을 외면하고 홀로 유유자적하면서 콧노래를 부르시고 있다고 믿고 싶은가? 지금도 하나님 보좌 우편에서 우리를 위해 중보하고 계시다고 성경은 증언하는데 그러면 예수님의 중보는 지상에서 고통 당하며 인내로 믿음의 경주를 하는 모든 성도들을 위한 것이다.

그러므로 성도들이 당하는 고난과 아픔들을 아파하시면서 중보하시고 도와주시는 건 너무나 합당하고 당연하다. 물론 궁극적으로 이루어질 새 하늘과 새 땅에서는 절대로 눈물이나 근심이 없을 것이다. 그러나 현재의 천국에서는 천국의 기쁨과 행복감에 지장을 주지 않으면서도 지상에서의 교회와 성도들의 고난을 위한 중보에 거룩한 근심 같은 것이 있다는 것을 충분히 짐작해 볼 수 있다. 물론 오해하지 말아야 할 것은 천국의 성도들이 개인적인 문제로 근심하지는 않는다는 것이다.

우리의 구주이신 예수님도 이런 심정을 가지고 계시다면 현재 천국의 성도들도 당연히 그러하리라고 믿는 것은 전혀 이상하지 않다.

요한계시록 21장 4절과 혼동하지 않아야 한다.

> 모든 눈물을 그 눈에서 닦아 주시니 다시는 사망이 없고 애통하는 것이나 곡하는 것이나 아픈 것이 다시 있지 아니하리니 처음 것들이 다 지나갔음이러라(계 21:4).

앞에서 설명한 대로 현재의 천국에서 새 예루살렘이 지상으로 내려오고 구속받은 새 하늘과 새 땅(redeemed earth and heaven)에서 우리는 영원히 하나님 아버지와 함께 살게 된다고 말씀하신다(계 21:1-3). 이제 모든 지상에서의 구속 사역이 완성된 후 새 땅에서 열려지는 하나님 아버지와의 영원히 동거하는 궁극적인 천국에서는 눈물도 고통도 슬픔도 존재할 수 없다. 왜냐하면 처음 것들이 다 지나갔고 만물을 다 새롭게 하셨기 때문이다. 할렐루야 아멘!

현재의 천국과 새 하늘과 새 땅에서의 천국은 미세하지만 이런 차이가 분명히 있다. 그래서 바울은 이렇게 말한다.

> 형제들아 자는 자들에 관하여는 너희가 알지 못함을 우리가 원하지 아니하노니 이는 **소망 없는 다른 이와 같이 슬퍼하지 않게** 하려 함이라……그러므로 이러한 말로 서로 위로하라(살전 4:13, 18).

슬픔에도 종류가 있다. 물론 이 땅에서 사랑하는 사람들과의 이별이 잠시 슬플 수는 있다. 하지만 그 슬픔은 소망이 없는 사람들과의 슬픔과는 본질적으로 다른 것이다. 우리는 이별을 잠시 슬퍼하지만 천국에서의 재회가 있기에 다시 기뻐하며 소망 가운데 지낼 수 있는 것이고,

불신자들은 죽음으로 완전하게 단절된 관계를 괴로워하는 것이다. 그래서 울고불고하는 것이다.

 사랑하는 사람들과의 이 세상에서의 이별을 흔히 "아무개가 죽었다"고 표현한다. 영어권 사람들은 "We lost him/her"라고 말한다. 번역하자면 '우리는 그/그녀를 잃어버렸다'라는 뜻이다. 이건 절대적으로 틀린 말이다. 왜냐하면 우리는 죽은 가족들이 이미 어디에 가 있는지 정확하게 알고 있기 때문이다. 그런데 왜 잃어버린 것인가? 차라리 표현하자면 "We are disconnected"라고 해야 맞는 말이다. 연락이 안 되는 것뿐이다. 분명 어디에 있는 줄은 아는데 연락할 방법이 없는 것이지 잃어버린 건 결코 아니기 때문이다.

Chapter 5

죄 많은 이 세상은 내 집이 아닌가?

한번 생각해 보자! 우리 조상들의 조상들은 다 어디서 왔을까? 말할 필요도 없이 에덴에서 왔다. 죄가 들어 오기 전 아담과 하와가 살았던 거기서 우리 조상들은 왔다. 그리고 지금 우리는 에덴에서 쫓겨나 죄로 오염된 이 세상(Earth)에서 살고 있다. 이 오염된 세상에 살면서 하나님의 구속의 계획에 따라 예수 그리스도를 믿고 하나님의 자녀가 되어 하나님과 화목하게 됐고 이제 새 땅(New Earth)을 소망하며 가고 있다.

사람들은 "에덴으로 돌아가자"는 구호를 외치기도 한다. 마치 '백 투 예루살렘'(Back to Jerusalem) 운동처럼. 또 '초대 교회로 돌아가자'고 주장하는 운동도 있다. 그러나 그런 운동은 아직 신학적인 기초가 부족해서 온 혼동 현상이다. 하나님의 계획은 점진적인 미래로 향한다. 에덴의 속성은 받아들여야 하나 에덴으로 돌아갈 이유가 없다. 왜냐하면 하나님의 구속 계획의 최종 목적지는 '새 하늘과 새 땅'이기 때문이다. 완성된 최종 계획지가 새 땅이다.

성경을 조금만 더 눈여겨보면 사용하는 단어들에서 큰 힌트를 얻을 수가 있다. 성경은 우리가 영원히 하나님 아버지와 살 곳을 '새 땅'이라고 한다. 그리고 지금 우리가 살고 있는 '땅', 하나님이 태초에 창조하신 이 '땅'은 보시기에 흡족하고 아름다운 땅이다. 비록 죄의 유입으로 인해 피조 세계가 고통하며 신음하는 것은 사실이지만 이 땅은 여전히 하나님의 애정과 솜씨가 펼쳐져 있는 걸작품이다. '땅'이라고 말할 때 우리는 단순히 흙을 말하지 않는다는 것을 잘 알고 있다.

창세기 1장을 보면 하나님이 세상을 만드실 때 땅을 중심으로 하늘을 만드시고 바다와, 각종 풀과 나무, 씨 맺는 채소. 새와 온갖 종류의 짐승들, 가축, 새와 바다 생물, 그리고 하나님의 형상을 닮은 인간까지 땅에서 살게 하셨다. 그러니까 '땅'이라고 말할 때는 이 모든 것을 다 포함하여 말하는 것이다.

이 '땅'을 디자인 한 분은 하나님이시다. 그 위에 이토록 아름다운 자연을 설계하신 분이 하나님이시다. 하나님은 당신이 직접 만드신 세상이 "좋았다"고 말씀하셨다. 흡족하고 만족스러웠다. 이 '땅'을 '주 무대'로 하여 하나님의 사랑의 이야기는 시작됐고 지금도 진행 중이다.

이 '땅'은 하나님이 심혈을 기울여 만드신 곳이다. 죄가 들어오기 전부터 이 땅은 하나님의 영원한 계획 속에 있었다. 하나님이 직접 통치하시고 다스리는 땅, 하나님을 영원토록 경배하며 교제하는 그 선한 뜻으로 이루어질 세상을 만드시려고 창조하신 것이다. 그래서 이 땅은 천국의 모형으로 남아 있다.

지구(땅)에 속한 모든 자연들은 너무나 아름답다. 신비하고 놀랍다는 말도 부족하다. 자연을 볼 때마다 난 탄성을 지어낸다. 하나님의 아름다우심이 그대로 드러나 있지 않은가! 그렇다면 새 땅에서 이루어질 천국 생활은 얼마나 더 아름다울까 늘 생각해 본다.

성경에서는 이 땅을 '새롭게 한다'(Renew)고 말씀한다. 이것은 '다시 새롭게 한다'는 뜻이다. 하나님의 원래 계획 속에 있던 대로 회복시키고 새롭게 하는 것이다. 하나님의 구속의 계획은 진행 중에 있다. 땅이 공통적인 단어다. 지금 우리가 살고 있는 이 땅이 새로워지고 '새 땅'이 되는 것이지 이 땅을 없애버리는 게 아니다.

흥미로운 관찰

우리가 앞으로 살게 될 궁극적인 천국이 '새 땅'(New Earth)이라면 지금 우리가 사는 이 세상(earth)에서의 경험들을 가지고 미래를 예측해 볼 수 있지 않을까? 성경에 나오는 힌트들을 살펴보면 흥미가 있을 것이다.

① 천국을 "도시(도성)"로 불렀다(Heaven is a City)

이는 그가 하나님이 계획하시고 지으실 터가 있는 성을 바랐음이라(히 11:10).

우리가 여기에도 영구한 도성이 없으므로 장차 올 것을 찾나니(히 13:14).

이 두 구절을 영어 성경에서 보면 뜻이 명확해 진다.

For he was looking forward to the city with foundations, whose architect and builders is God.
그는 하나님이 설계하고 지으신 기초가 있는 도시를 바라보고 있었습니다.

For here we do not have an enduring city, but we are looking for the city that is to come.
여기에는 우리가 영구히 거할 도시가 없으므로, 우리는 장차 올 도시를 찾고 있습니다.

그럼 우리의 경험을 동원해서 추측해 보자. 도시에는 무엇이 있을까? 도시에는 많은 사람들이 살고 있다. 일하고, 교제하고, 사랑을 나누는 각종 활동들이 있다. 도시 안에는 건물들, 각종 문화, 미술, 음악. 건축물 등 각양의 활동들이 존재한다.

혼자 상상해 볼 때 천국이 하나의 거대한 도시라면 그 도시 안에 많은 부활의 성도들이 살게 될 것이고 하늘에서 내려오는 새 예루살렘 건물처럼 수없이 많은 건축물들이 있을 것 같고, 하나님을 찬양하는 일이 영원토록 존재하니까 각종 음악과 거룩한 문화도 존재할 것 같다. 또 많은 성도들이 살게 될 터이니 각종 사랑과 영광의 공동체들도 있을 것이다(솔직히 생각만 해도 흥분되고 신이 난다).

② 천국을 나라라고 부른다(Heaven is a Country)

> 그들이 이제는 더 나은 본향(country)을 사모하니 곧 하늘에 있는 것이라(히 11:16).

우리말 번역에는 "본향"으로 돼 있지만 '컨트리'(country)라는 단어인데 쉽게 '나라'라는 뜻이다. 그러니까 많은 믿음의 조상들은 한결같이 더 좋은 '나라'를 바라보며 살았다는 것이다. 지금 자기들이 발 붙이고 속한 이 세상의 나라보다 훨씬 더 나은 '나라'를 사모했다는 말이다.

나라는 영토가 있고, 통치자들이 있으며 그 나라 시민이 살고, 나라에 따라 자신들의 신분을 자랑스럽게 여기기도 한다. 아담 이후로 지금까지 죽어 현재 천국으로 이주한 수없이 많은 성도들을 수용할 수 있는 거대한 나라가 미래의 천국일 것이다. 그 나라에는 하나님의 보좌가 중심에 있고 예수님과 함께 열두 사도와 선지자들과 믿음의 조상들과 위인들이 그 나라의 통치에 참여할 것이다.

천국(현재 천국과 미래 천국을 다 포함하여)은 어떤 경우에도 지루하거나 똑같은 일을 의미없이 반복하는 곳이 아니다. 하나님의 영원한 나라를 운영하고, 참여하며 그 안에서 영원하신 하나님 아버지의 경륜이 또 펼쳐지는 데 백성들이 다 참여하는 일상이 존재하는 나라일 것이다.

내가 말하고자 하는 요점은 이런 것이다. 현재 우리가 살며 경험하는 이 땅은 의미가 없거나 미래의 천국과는 아무 상관이 없는 곳이 아니라는 말이다. 히브리서의 말대로 이 땅은 천국의 그림자. 원형은 천국에 있고 이 땅은 그림자. 우리는 그림자를 보면서 실체를 추측한다. 그림자는 그래서 필요한 것이다. 실체가 없는데 그림자는 절대로 있을 수가 없다. 밤에 동네 가로등 불빛에 비춰진 자기 그림자를 본 적이 있을 것이다. 내 몸이 실재로 있으니까 빛이 몸을 비춰서 그림자를 만든 것이다. 몸이 없으면 즉 원형이 없으면 그림자도 있을 수가 없는 것이다.

이 땅에서 보는 산과 강과 나무와 이 모든 아름다운 환경들도 천국의 그림자. 요한계시록 22장에서는 새 땅 즉 천국에 길도 있고, 강도 있고 나무들도 있다고 한다. 엘리야가 병거를 타고 올라갔으니 말도 있을 것이고, 말이 있다면 다른 동물들도 있을 것이 분명하다.

요한계시록 21장에 등장하는 하늘에서 내려오는 새 예루살렘은 아름다운 보석들로 만들어졌는데 성곽을 형성하고 있으니 매우 단단한 물질의 보석일 것이다. 우리가 살게 될 새 땅에 이런 재료들이 있을 것이라는 암시라고 볼 수 있다.

> 우리는 그의 약속대로 의가 있는 곳인 새 하늘과 새 땅을 바라보도다(벧후 3:13).

이 구절은 좀 더 쉽게 풀이하자면 '우리는 하나님이 약속하신 대로 의인들의 집인 새 하늘과 새 땅을 바라본다'이다. 새 하늘과 새 땅은 의인들이 영원히 살 집이다. 베드로 사도는 이미 이것을 알았다. 만물을 새롭게 하여 새 하늘과 새 땅을 만드시고 의인들(예수를 주로 고백하는 모든 성도들)의 집으로 삼아 살게 하신다.

사실 우리는 단 한번도 죄와 저주와 고통 그리고 죽음이 없는 세상을 경험해 본 적이 없어서 그런 세상은 상상을 못한다. 만일 지금 이 세상에 죄가 없고 저주가 없다면 어떻게 변했을까? 이렇게 생각을 해보면 천국을 이해하는 데 조금 도움이 될 것이다.

예를 들어, 지금 이 세상이 죄, 고통, 저주 그리고 죽음이 없는 세상이라고 간주해 보자. 그러면 단 하나의 공해도, 전쟁도 살인도 질병도 존재하지 않는 천연 그대로의 세상이지 않을까? 사람들은 서로 사랑하고 사기를 치거나 거짓말하지 않으며, 농사를 지어도 노동이 아니라 즐거움의 봉사가 될 것이고 피곤해 지쳐서 쓰러지는 일도 없을 것이고, 땅이 오염되는 일도 공기가 오염되는 일도 없을 것이고, 농사는 몇 배 이상 수확을 할 것이고 열매는 최고의 맛을 내게 될 것이다. 물은 생명수가 될 것이고 대기권은 최상의 기후를 형성하며 그 어떤 것에도 결함이나 결핍이 없는 그런 세상일 것이다. 그야말로 인류가 꿈꾸던 '유토피아'(Utopia)가 아니던가?

앞으로 부활의 몸을 입고 살게 될 새 하늘과 새 땅에서의 삶을 이런 식으로 상상해 보아도 크게 다르지 않을 것이라고 생각한다. 예수님은 부활하신 후에도 음식을 잡수셨고 걸어 다니셨다. 날아 다니신 게 아니다. 물론 의심을 가졌던 도마에게 나타나실 때 제자들이 모인 곳은 문이 잠겨 있었지만 부활의 예수님은 그냥 벽이나 문이라는 가로막을 통과해서 나타나시기도 했다(요 20:26).

죄와 저주 아래의 현재의 세상은 분명히 우리 집이 아

니다. 그러나 앞으로 죄와 저주가 영원히 사라질 새 하늘과 새 땅은 분명히 우리의 집이 될 것이다. 그것도 아버지 하나님과 함께 영원히 살게 되는 집이다. 성경이 우리를 '나그네와 행인'이라고 표현한 것은 우리의 영원한 집이 아직 오지 않았기 때문이다. 새 땅에 도착하게 될 때 비로소 여행은 끝이 나는 것이다.

구름 같이 둘러싼 허다한 증인들은 현재 천국에 있는 모든 성도들이다. 그들과 지금 이 땅에 남아 있는 성도들이 모두 새 땅에서 살게 될 것이다. 지금보다 훨씬 더 좋은 그 나라(better country), 지금보다 훨씬 더 좋은 도시(Far better city)에서 사랑과 평화의 공동체를 이루며 완전한 행복 속에 살게 될 것이다.

이 새 하늘과 새 땅은 인간이 만들어 낸 아이디어가 아니다. 창조주 하나님이 직접 고안하신 아이디어다. 인간의 이성이 닿지 않는다 해서 함부로 무시하고 그게 아니라고 말하면 안 된다. 새 땅(New Earth)은 분명히 물리적인 장소이다. 이 물질적 땅(physical earth)에서 물질적인 사람(body)을 창조해서 살게 하신 하나님은 새 땅이라는 물질적 땅에서 부활의 몸을 입은 우리를 영원히 살게 하실 것이다.

Chapter 6

땅이 구속을 받는 것이 왜 필수적일까?

먼저 구속(Redemption)이라는 말의 정의부터 내려보자. 그러기 위해서는 영어와 같이 생각해 보는 게 큰 도움이 된다. '구속하다'(redeem)는 말은 '먼저 속전을 치루고 (누군가를, 무엇인가를) 자유케 한다, 혹은 채무를 변제해 준다' 그런 뜻이다. 쉽게 말하면 '되사기'(Buy back)를 말한다. 원래의 상태로 되돌려 놓는 것이다. 그러니까 '구속'이라는 말의 요점은 죄인을 감옥에서 풀어주고 원래 그가 가졌던 자유를 되돌려 주는 것을 뜻하는 것이다. 이것을 성경의 주제로 끌어다 해석을 하면 쉽게 이해가 된다.

'구속(Redemption)은 하나님의 원래 계획을 되사는 것'을 말한다. 아담과 하와는 낙원의 축복을 전 세계로 확장해야 했다. (불순종의 타락으로 그 계획이 망가짐) … 그러므로 구원(Salvation)이란 "인간을 본래의 소명과 목적에 맞게 회복(Restore)시키며, 하나님 아래에서 온 땅을 다스리라는 인간의 원래 임무가 이루어질 것을 보장하는 것"이다.

하나님이 만일 아담에게 주었던 "만물을 다스리라"는 플랜(Plan) A를 포기하셨다면 왜 또 홍수 후에 노아에게 똑같은 명령을 또 주셨겠는가?

> 하나님이 그들에게 복을 주시며 하나님이 그들에게 이르시되 생육하고 번성하여 땅에 충만하라, 땅을 정복하라, 바다의 물고기와 하늘의 새와 땅에 움직이는 모든 생물을 다스리라 하시니라(창 1:28).

> 하나님이 노아와 그 아들들에게 복을 주시며 그들에게 이르시되 생육하고 번성하여 땅에 충만하라(창 9:1).

구속이 원래의 상태로 되돌려 놓는 것이라면

미술이 구속을 받으면 모든 그림들이 모두 하나님의 가장 아름답고 영광스러운 것들로 완전하게 표현될 것이다. 색채도 완벽해질 것이다. 지금도 하나님의 형상을 닮은 인간의 미술적 창조력이 얼마나 뛰어난지 감탄을 자아내는 훌륭한 그림들이 얼마나 많은가! 이런 화가들에게서 죄성과 저주가 다 사라지면 얼마나 더 아름답고 위대한 작품들이 나오겠는지 상상해 볼 수 있다. 죄로 인해 타락한 인간에게 아직도 이러한 작품들이 나온다면 하나님의 계획한 원래의 형상으로 회복됐을 때 그 실력과 작품은 정말로 환상적일 것임에 틀림없다.

음악이 구속을 받으면 모든 음악이 하나님을 경배하고 높이는 가장 아름답고 위대한 음악으로 바뀔 것이다. 지금도 아름다운 음악을 들으면 마음이 움직이고 눈물이 나고 진한 감동이 밀려오는 것을 경험한다. 바하나 쇼팽, 베토벤, 멘델스존 같은 위대한 음악들을 듣노라면 신비한 생각까지 든다. 현대 음악도 마찬가지다. 정말 영혼을 움직이는 좋은 음악들이 수없이 많다.

누가 이런 음악들을 만들어 냈는가? 사람이다. 하나님의 형상을 닮은, 하나님의 창조력을 나눠 받은 인간이 만든 작품이다. 음악과 미술은 창조적인 예술이다. 명곡의 곡조를 생각해 내는 것을 보면 경이에 가깝다. 죄로 인해 오염되고 타락했는데도 이런 놀라운 솜씨들을 발휘하고 있다면 새 땅에서 회복되고 난 후에 나올 음악들은 어떨까를 상상해 보는 일은 하나도 어려운 게 아닙니다.

건축이 구속을 받으면 사람이 살기에 가장 완전한 구조물이 될 것이고, 생명의 에너지가 완전하게 유통되는 건축물들이 나올 것이며, 하나님을 중심으로 살아가는 모든 건축 구조를 이루게 될 것이다. 현재의 천국에서 내려온 새 예루살렘의 건축 구조를 보면 이해가 될 것이다.

잠시 교회에서 빈번히 사용하는 신학적인 단어들을 생각해 보자!

* 부활은 영어로 'Resurrection'이라고 하는데 앞에 Re로 시작한다. Re는 다시(again)라는 뜻이다. 즉 "재생" 다시 살아나는 것, 다시 생명을 얻는 것'을 뜻한다. 원래의 생명으로 다시 되돌아오는 것이 부활이다.
* 회복하다는 'Restore'이다. Re는 다시라는 말이고 '되찾다'라는 뜻이다. 예를 들어, '하나님과의 관계를 되찾다', '은혜를 회복하다 = 은혜를 되찾다' 그런 뜻이다.
* 재림은 'Return'인데 앞에 Re가 있으니 '다시 돌아온다'는 뜻이 아닌가! 예수님은 다시 오신다.
* 화해라는 단어는 'Reconciliation'이다. Re가 있어서 're-'는 '다시'를 의미하고 'conciliare'는 '우호적이게 하다'이다. 우

리는 예수 그리스도로 말미암아 하나님과 화목(화해)하게 됐다. 즉 '다시 우호적인 관계가 됐다'는 뜻이다. 죄를 짓고 살 때는 적대적이고 원수 같은 관계였는데 그리스도의 피로 말미암아 이제는 '우호적인 관계'로 '아버지와 자녀의 관계'로 다시 회복이 됐다는 말이다.

* 중생은 거듭나는 것인데 'Regenerate'라고 한다. '다시 생산하다', '다시 태어나다'라는 뜻이다.
* 재활이라는 말은 주로 병원에서 쓰는 말인데, 사고로 몸이 망가진 것을 다시 원래의 상태로 되돌려 놓는 훈련을 말한다. 영어로 'Rehabilitation'이고, '리햅'으로 줄여 말하기도 한다.

자 이런 단어들을 살펴보면 구속(Redeem)이라는 뜻을 더욱 명확하게 이해할 수 있다.

예수 그리스도의 사명은 에덴에서 타락한 것을 회복하는 것이고 동시에 하나님의 통치와 권세, 능력에 대적하는 모든 것들을 파괴하는 것이다. 모든 만물이 그리스도의 발 아래 굴복하고, 하나님은 모든 만물을 다스리시며, 인간은 왕의 왕이신 그리스도 아래서 작은 왕들로 땅을 통치하게 되는 날, 마침내 모든 것은 하나님이 의도하신 대로 이루어질 것이다. 반역은 영원히 끝이 나고 온 우주와 그리스도를 섬기는 모든 성도들은 주인의 기쁨에 참여하게 될 것이다.

예수 그리스도가 하신 거의 모든 기적들은 다 '회복(restoration)의 기적들'이었다. 건강의 회복, 생명의 회복, 악령들에게 잡혔던 자들을 자유케 하는 회복이었다. 예수 그리스도가 보여주신 기적들은 구속의 의미에 대한 예시를 우리에게 보여주는 것들이다.

하나님은 인간을 이 세상에 두시고 하나님의 영광을 위하여 충만하고, 다스리고, 발전시키라고 했다. 그러나 그 계획은 온전히 성취된 적이 없었다. 그렇다고 해서 하나님은 원래의 계획을 포기하신 적도 없었다. 하나님은 처음부터 인류를 구속하시고 땅을 회복하시기로 작정하셨다. 그래야 하나님의 원래 계획이 완성될 것이기 때문이었기에.

꼭 기억해야 할 것은 하나님은 언제나 우리를 하나님의 원래의 계획(Original Plan)으로 회복시키려 한다는 것이다.

다시 '땅' 이야기로 돌아가자!

> 보라 내가 새 하늘과 새 땅을 창조하나니(사 65:17).

> 내가 지을 새 하늘과 새 땅이 내 앞에 항상 있는 것같이 너희 자손과 너희 이름이 항상 있으리라(사 66:22).

> 우리는 그의 약속대로 의가 있는 곳인 새 하늘과 새 땅을 바라보도다(벧후 3:13).

> 또 내가 새 하늘과 새 땅을 보니 처음 하늘과 처음 땅이 없어졌고 바다도 다시 있지 않더라(계 21:1).

이것을 한 번 생각해 보자. 만약 하나님의 계획이 단지 성도들을 현재의 천국으로 데려가는 것이고 천국이 영적인 존재들만 사는 곳이라면 굳이 새 하늘과 새 땅을 만드실 필요가 있을까? 무엇 때문에 만물을 새롭게 하시려고 하는 걸까? 하나님이 만드신 이 세상은 당신의 눈에도 너무 좋아서 "보시기에 좋았다"라고 하셨을 정도다. 하나님은 당신이 창조하신 이 세상(땅)을 포기하지 않으신다.

> 땅과 거기에 충만한 것과 세계와 그 가운데 사는 자들은 다

여호와의 것이로다(시 24:1).

하나님은 단 한번도 지구(땅)에 대한 소유권을 누구에게도 준 적이 없다. 비록 죄로 인해 땅은 저주를 받고 신음하고 있지만 하나님의 주인 되심은 하나도 변한 게 없다. 다윗은 이것을 분명하게 선언하고 있다. "이 땅은 하나님의 것이다. 땅에 있는 모든 것들도, 이 세상도, 그 안에 사는 모든 사람들도 다 하나님의 것이라"고 힘있게 선언하고 있다.

하나님은 이 땅을 다시 회복(restore)시킬 것이다. 하나님은 하늘과 땅을 분리시키는 벽이 없는 같은 영역(dimension) 안으로 하나로 모을 것이다. 하나님의 완전한 계획은 "하늘에 있는 것이나 땅에 있는 것이 다 그리스도 안에서 통일되게" 하는 것이다(엡 1:10).

결정적인 구절

이에 베드로가 대답하여 이르되 보소서 우리가 모든 것을 버리고 주를 따랐사온대 그런즉 우리가 무엇을 얻으리이까 예수께서 이르시되 내가 진실로 너희에게 이르노니 세

> 상이 새롭게 되어 인자가 자기 영광의 보좌에 앉을 때에 나를 따르는 너희도 열두 보좌에 앉아 이스라엘 열두 지파를 심판하리라(마 19:27-28).

베드로는 예수님께 물었다. "우리가 주님을 따르면서 희생한 것이 있습니다. 모든 걸 버리고 쫓았는데 보상은 있을까요?"라는 질문에 예수님은 "세상이 새롭게 되어 인자가 영광의 보좌에 앉을 때에 나를 따르는 너희도 열두 보좌에 앉아 이스라엘 열두 지파를 심판하리라"고 대답하셨다.

지금까지 교회는 우리에게 하나님이 이 땅을 심판하시고 다 없애 버린다고 가르쳤다. 우린 그냥 그렇게 의심하지도 않고 받아들였다. 성경을 깊이 연구해 보지도 않고 그냥 그런 가보다 하고 무의식적으로 믿어버린 것이다. 성경은 그 어디에도 하나님이 직접 이토록 멋지게 솜씨를 발휘하여 만드신 지구를 없애 버리겠다고 한 곳이 없다.

심지어 바울 사도는 로마서 1장 20절에서 이렇게 선언하고 있지 않은가!

> 창세로부터 그의 보이지 아니하는 것들 곧 그의 영원하신

> 능력과 신성이 그가 만드신 만물에 분명히 보여 알려졌나니(롬 1:20).

이 세상은 하나님의 캔버스다. 하나님이 손으로 그린 가장 아름답고 완벽한 그림이다. 비록 죄로 인해 오염되었지만 여전히 그분의 솜씨를 화려하고 웅장하게 드러내고 있다. 언젠가 한 번 나는 장거리 운전을 하다가 석양에 붉게 물든 하늘과 산들을 보고 그만 경이에 사로잡힌 적이 있다. 인간의 말로는 형용할 수 없는 아름다움이 나를 경외심으로 이끌었다.

바울은 이 세상에 창세로부터 하나님의 손길, 신성, 솜씨가 드러나 있었다고 말한다. 그래서 사람들이 조금만 주의를 기울여 들여다보면 창조주가 있음을 알 수 있다고 했다. 그래서 누구도 후일 주 앞에 서는 날 핑계할 수 없다는 것이다.

다시 말하지만 이 지구는 하나님의 구원의 역사에 주 경기장이고 주 무대다. 이 안에는 하나님의 온갖 솜씨가 다 드러나 있다. 사탄은 단 한순간도 이 땅의 주인이었던 적이 없었고 오직 한 분, 하나님만이 주인이셨고 앞으로도 그럴 것이다. 그래서 인간의 귀에는 들리지 않아도 지금도 만물이 창조주 하나님을 찬양하고 있다. 인간만 하나님을 멀리하고 부정하고 있지 만물은 아니다.

하나님은 당신의 심장이 녹아 있고 구속의 계획이 숨쉬고 있는 이 걸작품을 다 없애 버리고 불태워 버리고 파괴하지 않으신다. 어느 작가가 자신의 걸작품을 불태워 버리고 쓰레기통에 버린다는 말인가? 돌지 않고서야 그럴 수는 없다. 죄로 오염되서 신음하는 세상을 새롭게 하실 것이다. 다시 한번 원래의 계획하신 대로 되돌려 놓으실 것이다. 할렐루야!

예수님은 명확하게 베드로의 질문에 답을 주셨다. "세상이 새롭게 되어"(At the renewal of all things)라고. 새롭게 된 세상에서 예수님은 영광의 보좌를 두시고 거기에서 통치를 하신다고 말씀하셨다. 예수님은 '세상을 다 파괴한 후에' 라던가 '혹은 '세상을 다 포기한 후에'라고 하시지 않았다. "세상을 다시 새롭게 한 후에 너희가 나와 함께 영광의 보좌에 앉아서 열두 지파를 심판하리라"고 하셨다.

더욱이 누가복음 19장 17절에는 이렇게 말씀하셨다.

> 주인이 이르되 잘하였도다 착한 종이여 네가 지극히 작은 것에 충성하였으니 열 고을 권세를 차지하리라(눅 19:17).

여기서 열 고을은 열 도시(Ten cities)를 말한다. 영적인 도시가 아니라 실재로 사람들이 거주하는 도시를 말한다. 그 열 개의 도시를 다스리며 통치하는 권세(상급)를 받게 된다고 약속하셨다. 이 도시는 유령들이 사는 영의 도시가 아니라 실제적인 도시(Physical city)를 말한다.

하나님은 새롭게 된 인간(Renewed humanity)이 새롭게 된 땅(New Earth)에서 하나님의 영광을 위해서 살도록 계획하셨다.

Chapter 7

이 지구는 파괴될 것인가 새로워질 것인가?

하나님의 구원 활동에 있어서, 그는 자신이 만든 작품들을 파괴하지 않고 대신 그것들을 죄로부터 정화하고 완전하게 만들어, 결국 그가 그것들을 창조했던 본래의 목적에 도달하게 한다. 이 원칙을 현재의 문제에 적용하면, 우리가 기대하는 새 땅은 현재의 땅과 완전히 다른 것이 아니라, 우리가 지금 살고 있는 이 땅을 새롭게 하고(renewal) 영화(glorification)롭게 하는 것이다(안토니 후크마).

성경 구절들을 피상적으로 보면 이 지구는 파괴되고 없어지는 것처럼 보인다. 다음 성경 구절들을 살펴보자.

> 천지는 없어지겠으나 내 말은 없어지지 아니하리라(눅 21:33).

> 그러나 주의 날이 도둑같이 오리니 그날에는 하늘이 큰 소리로 떠나가고 물질이 뜨거운 불에 풀어지고 땅과 그 중에 있는 모든 일이 드러나리로다(벧후 3:10).

> 또 내가 새 하늘과 새 땅을 보니 처음 하늘과 처음 땅이 없어졌고 바다도 다시 있지 않더라(계 21:1).

옛 상태, 옛 질서, 죄로 인한 오염과 파괴로 신음하던 첫 땅은 분명히 사라진다. 그러나 죄와 저주를 걷어내고 부활한 이 옛 땅은 하나님이 원래 의도한 새 땅이 될 것이다. 이 땅의 파괴는 절대적이고 최종적인 파괴가 아니라 일시적인 것이다. 이 땅의 파괴가 정해진 운명이면서도 그 파괴는 다시 새롭게 회복하기 위한 운명인 것이다. 대부분의 신학자들은 이 견해에 동의한다.

후크마 교수는 하나님의 구속의 역사라는 관점에서 볼 때 하나님은 자신의 작품들을 파괴하지 않으시고 반대로 죄로부터 정화하고 완전하게 만들어 하나님이 본래 의도하신 상태로 되돌려 놓는다고 주장했다. 조직신학자인 헤르만 바빙크는 "성경에 의하면 현 세상은 영원히 지속되지도 않지만 또 파괴되지도 않을 것이다. 오히려 완전히 새로운 땅으로 바꾸어질 것이다. 죄로부터 정화되어 다시 태어나고 새롭게 되어 온전한 새 땅이 될 것이다"라고 말했다.

얼마나 정확한 관찰인가! 베드로후서 3장 10절이 말하는 바 "물질이 뜨거운 불에 풀어지고 땅과 그 중에 있는 모든 일이 드러나리로다"라는 것은 "다 불타버린다"는 뜻이다. '드러난다'는 단어가 어떤 사본에서는 "burned up" 즉 '불타버린다'는 뜻으로 기록돼 있다.

그러니까 쉽게 말하자면 지구라는 행성 자체가 불에 타서 없어지는 게 아니고 땅 위에 있는 모든 것들이 불에 탄다는 뜻이다. 예를 들어, 전쟁이 터지면 땅 위에 있는 건물들과 모든 시설들 그리고 사람들이 죽어 파괴되는 것이지 땅이 없어지는 게 아닌 것과 같다. 건물을 새로 짓기 위해 오래된 건물을 허무는 일은 있지만 건물을 세우는 땅이 없어지는 게 아니다.

존 파이퍼는 이 구절에 대해 말하기를 "하나님은 버리려고 세상을 만드신 게 아니다. 본문이 말하는바 지금 하늘과 땅은 '지나갔다'라는 것은 '존재 자체가 없어진다'는 뜻이 아니다. 현재의 상태는 사라지겠지만 놀라운 변화가 있을 것이다. 이것은 마치 유충이 사라지면 나비가 나오는 것과 같은 것이라고 말할 수 있다." 만일에 이 땅이 구속을 받아서 새 땅으로 변화되지 않는다면 왜 피조물들이 하나님의 아들들이 나타나기를 그렇게 신음하며 기다려 왔는가를 생각해야 한다. 바울은 "피조물이 다 이제까지 함께 탄식하며 함께 고통을 겪고 있는 것을 우리가 아느니라"고 했다. 모든 피조물들이 썩어짐의 종노릇에서 해방되기를 간절히 기다리고 있으며 그 일은 예수님이 재림하실 때 성도들이 부활의 몸을 입으면서 성취가 된다고 선언했다.

현재 이 땅이 존재 자체가 사라져 버리고 은하계 행성에서 파괴되어 먼지가 되어 버린다면 무엇 때문에 피조물들 나무, 산, 바위, 물, 새들, 짐승들이 구속을 기다리고 있겠는가! 존재 자체가 없어진 이 땅에서 회복되는 것은 앞뒤가 맞지 않는 이야기다. 피조물들의 고향, 즉 뿌리는 이 땅이다. 회복이 되려면 뿌리인 이 땅에서 회복이 돼야 맞는 것이다. 그래서 하나님은 인간도 이 땅에서 회복시키고 피조물들도 이 땅에서 회복시키는 것이다. 이걸 알아보기 쉽게 도표로 그려봤다.

> 부활의 인간(Renewed Man)
> 새 땅(Renewed Earth) = 천국
> 구속받은 피조물(Renewed Creation)
> 하나님의 원래 계획이 회복된 상태

이런 가정을 해 보자. 만일 성경에 '새 땅'이라는 말이 하나도 없다고 치자. 그래도 사도행전 3장 21절 한 구절만 있어도 이 문제를 설명하는 데 충분하다고 생각한다.

> 하나님이 영원 전부터 거룩한 선지자들의 입을 통하여 말씀하신 바 만물을 회복하실 때까지는 하늘이 마땅히 그를 받아 두리라(행 3:21).
>
> He must remain in heaven until the time comes for God to restore everything, as he promised long ago through his holy prophets.

하나님이 이 땅을 파괴하지 않고 새롭게 회복하시려는 일은 어제 오늘의 일이 아니라 아주 오래전부터(창세로부터) 가지고 계셨던 계획이었다는 것이고, 그 계획을 선지자들의 입을 통해서 말씀해 오셨다는 것이다. 사람들이 그러한 하나님의 계획을 못 알아 들은 것이 문제였지 하나님은 언제나 동일하게 이 구속의 계획을 진행하고 계셨다. 그리고 머지 않아 이 약속은 실행되고 완성될 것이다.

한때 잃어버렸던 하나님의 창조의 완전함은 완전하게 되찾게 될 것이다. 베드로후서 3장 10절을 다시 보자.

> 하늘이 큰 소리로 떠나가고 물질이 뜨거운 불에 풀어지고 땅과 그 중에 있는 모든 일이 드러나리로다(벧후 3:10).

어쩌면 종말의 끝자락에 무서운 핵전쟁이 터지고 예수님이 예언하신 것처럼 우주의 대격변이 있을 것이다. 그래서 이 땅은 불에 타고 무서운 재앙들이 지구촌을 강타할 것이다. 성경은 마지막 때에 일어날 무서운 일들을 여러 차례 경고하고 있다. 그러나 지구가 불에 타서 사라져 버린다는 암시는 그 어디에도 없다.

예를 들어, 노아의 홍수 때 온 세상에 물로 심판을 받았을 때 세상에 있던 모든 것들이 사라지고 죽었지만 지구가 없어진 게 아니듯이 마지막에도 불의 심판을 받아서 땅 위의 모든 것들이 다 불태워진다고 해도 이 땅이 사라져 없어지는 것은 아니다.

'새'(New)의 뜻

성경이 말하는 '천지' 쉬운 말로 '하늘과 땅'은 '전 우주'를 지칭하는 표현이다. 요한이 말한 "새 하늘과 새 땅"은 '전 우주의 변혁'을 말한 것이다. '새롭다(New)'라는 헬라어 단어는 카이노스(kainos)인데 하나님이 만든 이 땅이 오래

된 것에 반대말로 새것이 된다는 뜻이 아니라 "질적으로 새롭고 본질적으로 우수한 이전과는 다른 특성을 가진" 새것이란 뜻이다.

현재의 우주와 완전히 다른 새로운 세계의 출현이 아니라, 영광스럽게 새로워졌지만 현재의 우주와 연속성을 가진 우주의 창조를 말한다. '연속성'을 가지고 있다는 말이 매우 중요하다. 이것은 마치 우리가 지금 이 땅에서 주를 위해 행한 모든 것들이 천국으로 이어져 평가를 받고 상을 받는 것과 같은 이치다. 지금 우리의 주를 위한 삶은 천국으로 이어지는 연속성을 가지고 있지 완전히 절단된 상태가 아니다.

바울은 고린도후서 5장 17절에서 "누구든지 그리스도 안에 있으면 새로운 피조물"이라고 했다. "새로운 피조물"은 인간에게만 해당되는 교리가 아니다. 모든 자연계에도 해당된다. 다시 말하지만 새로워지는 것은 사람과 온 피조물이 다 포함되는 것이다.

내가 예수님을 만나고 새로운 사람이 됐다. 그러나 그 사람은 과거의 나와 같은 사람이지만 새롭게 변화된 사람이다. 질적으로 새롭고 본질적으로 우수한 새 사람, 이전과는 다른 특성을 가진 새 사람이 된 것이다.

신학자 윌리암 덤브렐의 '새로운 피조물'에 관한 이야기로 이 장을 마무리한다.

> 모든 구약의 내용은 새로운 피조물이라는 목표를 향하여 나아왔다. 그리고 신약은 바로 그 첫 번째 목적을 성취하기 위해 시작됐다. 구속은 항상 창조에 종속되어 있다. 왜냐하면 구속은 새 창조의 조건들을 다시 도입하는 수단이기 때문이다. 타락 이후의 모든 사건들은 원래의 창조를 다시 도입하는 과정으로 보아야 한다.

새로운 피조물은 하나님의 구속사적 계획의 목표 또는 목적이기 때문에, 새 피조물은 성경의 논리적 핵심 요점이 될 수밖에 없다.

지구의 죽음은 우리 자신의 죽음과 다르지 않을 것이다. 하나님의 정화하는 심판으로 인한 옛 땅의 파괴는 곧바로 새 생명으로의 부활로 이어질 것이다. 지구의 불타는 '종말'은 곧바로 영광스러운 새로운 시작으로 이어질 것이다. 그리고 그것은 계속해서 더 좋아지고 더 좋아질 것이다.

Chapter 8
약속된 새로운 세상

히브리서 11장을 읽다가 보면 구약의 수많은 믿음의 사람들이 정말 나그네처럼 살았다는 느낌이 물씬 풍겨 나온다. 성경을 읽는 내 마음에도 그런 느낌이 든다. 행인이나 나그네처럼 일생을 살면서 그들은 미래에 어떤 세상이 기다리고 있는 줄을 명확하게 알았다. 그리고 거기에 마음을 두고 살았다. 새 땅에 대한 약속은 받았지만 자기들이 그런 세상에서 살지는 못했다. 인류 역사 이래 아직은 누구도 약속된 그 땅에서 살지는 못했다. 아직 그 약속이 실현되지 않고 기다리고 있는 중이기에 말이다.

이 기대에 찬 신자들을 흥분시킨 것은 하나님이 하늘에서 통치하실 것이라는 점이 아니었다. 하나님은 이미 그렇게 하고 계셨기 때문이다. 그들의 소망은 어느 날 하나님이 죄와 죽음 고통과 가난 그리고 골치 아픈 모든 일들을 제거하고 이 땅 위에서 통치하신다는 것이었다. 구약의 성도들은 메시아가 천국을 이 땅으로 가져오실 것을 믿었고 하늘에서 이루어진 하나님의 뜻을 땅에서 이루어지게 하실 것을 믿었다.

> 이 사람들은 다 믿음을 따라 죽었으며 약속을 받지 못하였으되 그것들을 멀리서 보고 환영하며 또 땅에서는 외국인과 나그네임을 증언하였으니 그들이 이같이 말하는 것은 자기들이 본향 찾는 자임을 나타냄이라 그들이 나온 바 본향을 생각하였더라면 돌아갈 기회가 있었으려니와 그들이 이제는 더 나은 본향을 사모하니 곧 하늘에 있는 것이라 이러므로 하나님이 그들의 하나님이라 일컬음 받으심을 부끄러워하지 아니하시고 그들을 위하여 한 성을 예비하셨느니라(히 11:13-16).

구약 성경의 예언들의 주요 주제 중 하나는 지상에 세워질 의의 왕국에 대한 하나님의 계획이다. 메시아는 다윗의 왕좌와 그의 나라를 다스릴 것이다. 다윗의 왕좌는 과거에 이 땅에 있었고 미래에 이 땅에 세워질 것이다.

천사 가브리엘은 예수님을 임신 중이었던 마리아에게 오실 예수님은 "주 하나님께서 그 조상 다윗의 왕위를 그에게 주며 영원히 야곱의 집을 왕으로 다스릴 것이며 그 나라가 무궁"하게 될 것이라고 예언했다. 다시 말하지만 다윗의 보좌는 하늘에 있는 것이 아니고 이 땅에 있는 것이다. 메시아 우리 주 예수 그리스도는 다윗의 왕권을 받아 이 땅에서 하나님의 영원한 통치를 펼쳐 나갈 것이고 그의 나라는 이 새 땅에서 영원할 것이다.

> 그가 큰 자가 되고 지극히 높으신 이의 아들이라 일컬어질 것이요 주 하나님께서 그 조상 다윗의 왕위를 그에게 주시리니 영원히 야곱의 집을 왕으로 다스리실 것이며 그 나라가 무궁하리라(눅 1:32-33).

> 그 정사와 평강의 더함이 무궁하며 또 다윗의 왕좌와 그의 나라에 군림하여 그 나라를 굳게 세우고 지금 이후로 영원히 정의와 공의로 그것을 보존하실 것이라 만군의 여호와의 열심이 이를 이루시리라(사 9:7).

이사야 11장 1-10절로 보면 이 땅에서 메시아의 사명을 알 수 있다. 이 땅에서 저주를 걷어내고 동물의 왕국까지 평화를 가져올 것이다(6절). 이것은 로마서 8장에 말한 바

'모든 피조물이 고대하는 것'의 성취다. 예루살렘과 그의 거룩한 산이 해도 받지 않고 상하지도 않게 된다(9절). 메시아는 그 날에 만민의 깃발로 서며 열방들이 그에게로 모여들 것이며 그가 거하는 곳이 영화롭게 될 것이다(10절; 이것은 요한계시록 21-22장을 예측하는 것이다).

> 이새의 줄기에서 한 싹이 나며 그 뿌리에서 한 가지가 나서 결실할 것이요 그의 위에 여호와의 영 곧 지혜와 총명의 영이요 모략과 재능의 영이요 지식과 여호와를 경외하는 영이 강림하시리니 그가 여호와를 경외함으로 즐거움을 삼을 것이며 그의 눈에 보이는 대로 심판하지 아니하며 그의 귀에 들리는 대로 판단하지 아니하며 공의로 가난한 자를 심판하며 정직으로 세상의 겸손한 자를 판단할 것이며 그의 입의 막대기로 세상을 치며 그의 입술의 기운으로 악인을 죽일 것이며 공의로 그의 허리띠를 삼으며 성실로 그의 몸의 띠를 삼으리라 그 때에 이리가 어린 양과 함께 살며 표범이 어린 염소와 함께 누우며 송아지와 어린 사자와 살진 짐승이 함께 있어 어린 아이에게 끌리며 암소와 곰이 함께 먹으며 그것들의 새끼가 함께 엎드리며 사자가 소처럼 풀을 먹을 것이며 젖 먹는 아이가 독사의 구멍에서 장난하

> 며 젖 뗀 어린 아이가 독사의 굴에 손을 넣을 것이라 내 거룩한 산 모든 곳에서 해 됨도 없고 상함도 없을 것이니 이는 물이 바다를 덮음 같이 여호와를 아는 지식이 세상에 충만할 것임이니라 그 날에 이새의 뿌리에서 한 싹이 나서 만민의 기치로 설 것이요 열방이 그에게로 돌아오리니 그가 거한 곳이 영화로우리라(사 11:1-10).

가끔씩 TV나 뉴스를 보면 야생 동물들이 애완용으로 길러져서 집안의 아이들과 재롱을 부리며 평화롭게 노는 것을 본다. 큰 사자 한 마리가 한 남자에게 달려들어 혀로 핥고 두 발로 목을 에워싸고 좋아서 어쩔 줄을 몰라하는 장면도 보았다. 나는 이런 장면들을 볼 때마다 혼자 빙긋이 웃는다. 부분적이긴 하지만 바로 저런 장면들이 새 땅에서 보게 될 온전히 회복된 피조 세계의 모습이기 때문이다.

이 모든 메시아 왕국은 어디에서 실현되는 것일까? 저 멀리 떨어진 천국에서 일어날 일인가 아니면 여기 이 땅에서 이루어질 일인가? 이사야 60장 62, 65절에는 이 땅에서 이루어질 메시아 왕국의 희망찬 찬가가 울려 퍼지고 있다. 나는 개인적으로 요한계시록에서 말하는 천년

왕국이 문자적으로 천 년인지 아닌지에 관한 논의는 이 책의 목적과 맞지 않기에 말하고 싶지 않다. 또 전천년주의나 무천년주의, 그리고 후천년주의 세 가지 종말론의 견해 중 어느 것이 옳으냐의 문제도 여기서 다루지 않겠다.

다만 확실하게 말할 수 있는 것은 위의 모든 구절들이 '새 땅'에서 이루어질 예수님의 영원한 통치를 가르치고 있다는 점이다.

새 땅은 하나님의 왕국이 세워질 곳이 될 것이다. 또한 새 예루살렘은 사람들이 그분께 경의를 표하러 올 장소가 될 것이다.

> 보라 내가 새 하늘과 새 땅을 창조하나니 이전 것은 기억되거나 마음에 생각나지 아니할 것이라 너희는 내가 창조하는 것으로 말미암아 영원히 기뻐하며 즐거워할지니라 보라 내가 예루살렘을 즐거운 성으로 창조하며 그 백성을 기쁨으로 삼고 내가 예루살렘을 즐거워하며 나의 백성을 기뻐하리니 우는 소리와 부르짖는 소리가 그 가운데에서 다시는 들리지 아니할 것이며 거기는 날 수가 많지 못하여 죽는 어린이와 수한이 차지 못한 노인이 다시는 없을 것이라

곧 백 세에 죽는 자를 젊은이라 하겠고 백 세가 못되어 죽는 자는 저주 받은 자이리라 그들이 가옥을 건축하고 그 안에 살겠고 포도나무를 심고 열매를 먹을 것이며 그들이 건축한 데에 타인이 살지 아니할 것이며 그들이 심은 것을 타인이 먹지 아니하리니 이는 내 백성의 수한이 나무의 수한과 같겠고 내가 택한 자가 그 손으로 일한 것을 길이 누릴 것이며 그들의 수고가 헛되지 않겠고 그들이 생산한 것이 재난을 당하지 아니하리니 그들은 여호와의 복된 자의 자손이요 그들의 후손도 그들과 같을 것임이라 그들이 부르기 전에 내가 응답하겠고 그들이 말을 마치기 전에 내가 들을 것이며 이리와 어린양이 함께 먹을 것이며 사자가 소처럼 짚을 먹을 것이며 뱀은 흙을 양식으로 삼을 것이니 나의 성산에서는 해함도 없겠고 상함도 없으리라 여호와께서 말씀하시니라(사 65:17-25).

다시는 낮에 해가 네 빛이 되지 아니하며 달도 네게 빛을 비추지 않을 것이요 오직 여호와가 네게 영원한 빛이 되며 네 하나님이 네 영광이 되리니 다시는 네 해가 지지 아니하며 네 달이 물러가지 아니할 것은 여호와가 네 영원한 빛이 되고 네 슬픔의 날이 끝날 것임이라 네 백성이 다 의롭게 되어 영원히 땅을 차지하리니 그들은 내가 심은 가지요 내가 손으로 만든 것으로 나나타낼 것인즉 그 작은 자가 천 명을 이루겠고 그 약한 자가 강국을 이룰 것이라 때가 되면 나 여호와가 속히 이루리라(사 60:19-22).

내가 그들의 행위와 사상을 아노라 때가 이르면 뭇 나라와 언어가 다른 민족들을 모으리니 그들이 와서 나의 영광을 볼 것이며(사 66:18).

내가 지을 새 하늘과 새 땅이 내 앞에 항상 있는 것 같이 너희 자손과 너희 이름이 항상 있으리라 여호와의 말이니라(사 66:22).

Chapter 9

저주는 사라져야 한다

> 내가 너로 여자와 원수가 되게 하고 네 후손도 여자의 후손과 원수가 되게 하리니 여자의 후손은 네 머리를 상하게 할 것이요 너는 그의 발꿈치를 상하게 할 것이니라 하시고(창 3:15).

창세기 3장 15절을 흔히 '원복음'이라고 부른다. '최초의 복음'이라는 뜻이다. 여자의 후손인 우리의 구원자 예수 그리스도와 사탄은 원수가 될 것이고 사탄은 구원자 예수 그리스도에게 상처를 낼 것이지만(십자가 사건) 여자의 후손인 예수님은 (부활로 말미암아) 사탄의 머리를 밟아 부수고 승리할 것이라는 예언의 선포다.

비록 에덴동산에서 아담과 하와의 범죄로 말미암아 사탄이 하나님의 계획을 무너뜨렸지만, 깨어진 하나님의 계획을 회복하기 위해 구속자(Redeemer)를 보내서 사탄의 머리를 깨부술 것을 작정하셨다. 하나님이 구속자인 예수 그리스도를 통해서 다시 회복해야 할 중요한 두 가지 사실이 있다. 하나는 사람의 회복이고 또 하나는 땅(피조세계)의 회복이다.

사람의 회복

하나님의 영광을 위해 번성하고, 충만하며, 다스려야 할 사명을 받은 아담은 범죄로 말미암아 하나님의 영광에서 떠나게 됐고, 그 죄의 결과로 죽음이 찾아왔다.

죄의 결과 중 하나가 죽음이라면 약속된 승리 또한 죽음을 제거하는 것이어야만 한다. 그래서 예수님은 십자가에서 죽으심으로 죄의 효력을 중지시키고, 부활하심으로 죽음을 제거해 버리셨다. 그러므로 그리스도 예수 안에 있는 자들은 다시는 죽음에 종노릇하지 않는 부활을 약속으로 받게 됐다. 죄의 저주가 사라진 것이다. 그것도 영원히!

새 땅에서 다시 한번(Once again) 새 몸을 입은 사람들이 다스려 나갈 죄와 저주가 사라진 사람을 회복한 것이다. 첫 사람 아담을 통해서는 사망이 왔지만, 둘째 아담인 예수님을 통해서는 영원한 생명이 온 것이다.

하나님께는 플랜(Plan) B가 처음부터 없었다. 오직 플랜

A만 있었을 뿐이다. 단 한순간도 그 계획을 수정하거나 포기하신 적이 없다. 비록 사탄은 인간도 파괴하고 땅도 파괴하여 하나님의 구속의 계획을 방해하려 했지만 하나님은 세상을 다스려야 할 죄 없는 인간(New humanity)을 다시 회복시키고 새롭게 구속받은 이 땅에서 영원토록 우리의 왕이신 예수 그리스도와 함께 다스리게 하시려는 구속의 완벽한 승리를 계획한 것이다. 할렐루야!

예비된 나라를 상속하라!

> 그때에 임금이 그 오른편에 있는 자들에게 이르시되 내 아버지께 복 받을 자들이여 나아와 창세로부터 너희를 위하여 예비된 나라를 상속받으라(마 25:34).

오 얼마나 위대하고 흥분된 말씀인가! 후일에 우리가 주 앞에 서는 날 보상을 받게 될 것이다. 그런데 그 보상은 이미 창세 때부터 준비한 하나님의 계획이었다. 하나님이 세상을 6일 동안 창조하시고 너무나 만족스러워 하셨던 그 땅(this earth) 위에다 우리에게 주실 나라를 이미 생각하고 계셨던 것이다.

이 나라는 어디에 있을까? 당연히 이 땅에 있을 것이다. 무슨 화성이나 목성에다 주실 것도 아니다. 하나님이 직접 만드신 여기다가 우리를 위해 나라들을 배분해 주실 것이다. 나라라고 했으니 당연히 땅도 있고 재산들도 다 포함하고 있을 것임에 틀림없다.

마지막 아담은 사탄을 패배시켰다

저주를 걷어낸다는 뜻은 인간과, 문화, 이 땅, 그리고 온 우주가 하나님의 원래 의도하신 상태로 다시 돌아 감을 뜻한다. 이 저주를 걷어 내기 위해 예수님은 참담한 대가를 치르셨다. 갈라디아서 3장 13절을 보자.

> 그리스도께서 우리를 위하여 저주를 받은 바 되사 율법의 저주에서 우리를 속량하셨으니(갈 3:13).

예수 그리스도는 자신의 몸으로 죄의 저주를 짊어지시고 하나님의 진노를 해결해 주셨다. 그 저주를 걷어 냄으로 사탄을 패배시키고 부활로 승리를 확정하셨다. 예수님은 부활로 인간과 이 땅에서 저주를 들어낼 것을 보장하셨다.

아직은 예수 그리스도의 구속 사역이 이 땅에서 완전하게 성취되지 않았으나 그가 재림주로 오실 때 최종적이고 완벽하게 "온 피조물"들을 하나님의 원래 계획대로 되돌려 놓으실 것이다. 그래서 인간은 더 이상 죄와 저주의 권세 아래 있지 않고 완전한 해방을 누리게 되고 왕 중 왕이신 예수 그리스도와 함께 영원토록 왕 노릇을 할 것이다.

예수님이 이 세상에 오신 이유는 죽음의 저주로부터 온 피조물을 구원하시기 위함이다. 사람과 이 땅과 온 우주를 다 포함하여 모든 피조 세계를 구속하시기 위해 죽으시고 부활하신 것이다.

인류 역사에서 온 자연계와 우주에 미친 저주를 제거할 분은 오직 한 분 예수 그리스도시다. 사람만 저주를 받은 게 아니다. 사람의 죄로 말미암아 온 피조 세계가 다 죄로 오염이 됐다. 그 결과 인간도 자연 세계도 다 신음하고 몸살을 앓고 있다.

훗날 예수 그리스도는 죽어가는 이 땅을 생기가 넘치고 오염되지 않은 '새 땅'(New Earth)으로 변화시켜 주실 것이다. 더 이상 죽음과 파괴에 굴복하지 않을 그 새 땅으로 변화시켜 주실 것이다. 거기서 우리는 영원토록 사랑하는 주님과 함께할 것이다.

Chapter 10

부활과 천국

그리스도께서 다시 살아나신 일이 없으면 너희의 믿음도 헛되고 너희가 여전히 죄 가운데 있을 것이요 또한 그리스도 안에서 잠자는 자도 망하였으리니 만일 그리스도 안에서 우리가 바라는 것이 다만 이 세상의 삶뿐이면 모든 사람 가운데 우리가 더욱 불쌍한 자이리라(고전 15:17-19).

예수님의 몸의 부활은 기독교 신앙의 핵심 중 핵심이다. 몸의 부활이 없는 천국은 의미가 없다. 우리가 영원히 살아갈 새로운 세상에서 몸의 부활은 가장 중요한 요소다. 바울은 오늘 본문에서 만일 예수님이 몸으로 부활하지 않으셨다면 적어도 네 가지가 문제가 된다고 역설하고 있다.

첫째, 몸의 부활이 없다면 우리가 가지고 있는 믿음은 헛되고 아무 의미도 없다.

둘째, 몸의 부활이 없다면 인간과 모든 피조 세계를 오염시키고 고통스럽게 하는 죄 문제는 풀리지 않고 우리는 그냥 죄 가운데서 멸망할 것이다.

셋째, 몸의 부활이 없으면 이미 예수 믿고 죽어 천국 간 사람들도 실종된 자들이 될 것이다.

넷째, 몸의 부활이 없다면 지금 이 땅에서 열심히 신앙생활하는 우리는 바보처럼 불쌍한 인생들이다.

몸의 부활이 없으면 기독교는 뿌리가 없는 것이고 신앙은 무의미해지고 죄 문제는 영원히 풀리지 않고 미궁으로 빠지고 말 것이다. 예수 그리스도의 실재적인 몸의 부활은 인류와 땅 두 가지를 동시에 구속하는 핵심 모퉁잇돌이다. 예수 그리스도의 몸의 부활로 인하여 우리도 새롭게 된 땅(renewed earth)에서 새로운 몸(renewed body)을 가지고 영원토록 살게 될 것이다.

부활의 모델 예수 그리스도(부활의 몸 = 사람의 몸 + 영화로운 몸)

사랑하는 자들아 우리가 지금은 하나님의 자녀라 장래에 어떻게 될지는 아직 나타나지 아니하였으나 그가 나타나시면 우리가 그와 같을 줄을 아는 것은 **그의 참모습 그대로** 볼 것이기 때문이니(요일 3:2).

예수님이 다시 오실 때 우리는 예수님을 전에 가지고 계셨던 그 모습 그대로 보게 된다. 요한은 예수님이 나타나실 때 우리도 예수님과 같이 부활의 몸을 가질 것이고 예수님이 이 땅에 계실 때 가지셨던 그 몸을 우리가 다 그대로 알아보게 된다고 했다.

여기서 하나 부활한 몸에 관하여 엿볼 수 있는 사실은 부활의 몸이 이 세상에서 가졌던 몸과 다르지 않다는 점이다. 예수님이 죽었다가 살아나셔서 부활의 몸을 입으셨을 때 제자들은 그분을 다 정상적으로 알아봤다. 체구가 더 커지신 것도 아니고 몸이 이상하게 변한 것도 아니었다. 죽으시기 전에 자기들과 함께 지내시던 바로 그분이었다. 부활 후에는 떡과 구운 생선도 잡수셨다. 그러나 분명히 후에는 엄청난 부활의 영광을 입으셨을 것이다. 그렇다고 해서 모양이 달라지신 건 아니다.

우리가 후일에 부활의 몸을 입을 때 어떤 모습이 될까? 예수님이 우리의 모델이시니 분명히 그대로 될 것이다. 죽지 않는 몸이 될 것이고, 가장 완전하고 영광으로 충만한 몸이 될 것이고, 설명할 수 없는 아름다움으로 충만한 몸을 입을 것이다.

여러분들은 젊었을 때 찍은 사진을 본 적이 있는가? 풋

풋하고 활기 넘치던 젊은 시절의 모습을! 완전한 비유는 아니지만 후일에 우리가 부활의 몸을 입는다면 이와 비슷할 것이다. 우리의 가장 건강하고 젊었을 때의 그 모습을 가지게 될 것이다. 거기에 죄와 저주가 사라졌으니 당연히 부활의 몸은 정상적인 완전히 건강한 모습일 것이다.

물론 이 땅에서 신체가 불구였거나 결함을 가지고 살았던 성도들도 있을 것이다. 그러나 부활의 몸에서는 그런 결함이 완전히 사라지고 모두 다 회복된 모습으로 보게 될 것이다.

천국이라고 해서 모든 사람들이 다 똑같은 키와 모양을 가지는 것은 결코 아니다. 흑인이 백인이 되거나 백인이 황인종이 되는 일은 없다. 모두가 획일적인 모습으로 변화되지 않는다. 다 이 땅에 있을 때의 모습과 모양을 유지하는 부활의 몸이다.

그 사실은 요한계시록 7장 9절 이하를 보면 더욱 분명해진다.

> 이 일 후에 내가 보니 각 나라와 족속과 백성과 방언에서 아무도 능히 셀 수 없는 큰 무리가 나와 흰 옷을 입고 손에

> 종려 가지를 들고 보좌 앞과 어린양 앞에 서서 큰 소리로 외쳐 가로되 구원하심이 보좌에 앉으신 우리 하나님과 어린양에게 있도다(계 7:9-10).

천국의 보좌 앞에 나아와 어린양 예수님과 하나님 아버지께 경배하러 각 나라와 족속과 백성에서 수없이 많은 무리들이 나오고 있다. 천국 보좌 앞에 경배를 드리러 나오는 무리들은 이 땅에 있을 때 그 종족, 그 나라 사람들의 특색을 그대로 가지고 나아왔다. 새롭게 창조된 사람들이 아니다.

이걸 눈여겨보아야 한다. 부활의 몸을 입는다고 해서 피부색도 같아지고, 얼굴도 같아지고, 머리카락 길이도 같아지고, 눈동자 크기도 같아지는 게 아니다. 모두가 다 신성일이나 그레고리 팩이 되는 게 아니다. 생김새도 특징도 그대로 유지하는데, 중요한 것은 죄와 저주가 빠져 나갔으니 미남인지 추남인지, 미녀인지 추녀인지가 무의미해지고 피부색으로 판단하는 것도 무의미해지며, 외모로 판단하던 모든 것들이 다 무의미해진다는 것이다.

모두가 하나님의 형상을 완전히 회복한 모습이기 때문에 그 영광의 시각으로 서로를 보게 되어 있고, 그들 속에서 드러나는 하나님의 영광과 아름다움을 바라보게 될 것이다.

예수님은 부활 후 40일간을 이 땅에 사셨다. 사랑하는 제자들과 시간을 보내면서 교제를 하셨다. 엠마오로 내려가던 제자들과 같이 걸으시며 성경을 풀어주셨다. 궁금한 것을 예수님께 질문했고 예수님은 대답해 주셨다. 제자들은 부활하신 예수님의 음성을 이상하게 여기거나 유령의 소리로 인식하지 않았다는 점이다. 그냥 자연스러운 사람의 소리였다.

> 예수께서 이르시되 와서 조반을 먹으라 하시니 제자들이 주님이신 줄 아는고로 당신이 누구냐 감히 묻는 자가 없더라(요 21:12).

부활하신 예수님이 디베랴 호수에 고기 잡으러 나갔던 제자들과 대화를 나누시고 식사를 하시는 장면이다. 위의 요한복음 21장 12절은 놀라울 정도로 부활의 몸에 대하여 잘 설명하고 있다. 제자들은 부활하셔서 그들에게 나타나신 예수님을 다 알아보았다. 죽기 전에 예수님이 부활하신 그 예수님이었다. 이상하게 변하셔서 못 알아

본 게 아니다. 그래서 12절은 "제자들이 주님이신 줄 아는 고로 당신이 누구냐고 감히 묻지 못했다"고 기록했다. 낯선 유령이었으면 누구냐고 물어보았을 것이다. 그런데 죽으시고 살아나신 분이 자기들이 알고 지냈던 바로 그 분이었다.

부활하신 예수님은 개인적으로 또는 그룹으로 대화를 나누셨고 사랑을 보여주셨다. 막달라 마리아, 도마, 베드로 그리고 오백여 성도들에게 나타나셨다. 승천하시기 전에는 제자들에게 하나님 나라의 일을 설명하시고 땅끝까지 가서 복음을 전하라는 부탁을 하고 떠나셨다.

부활하시고 난 후에도 예수님은 당신이 사랑했고 함께했던 사람들과 시간을 보내셨고 같이 먹고 교제를 나누셨다. 이와 같이 우리도 부활의 몸을 입고 새 땅에서 살게 될 때 우리가 사랑했던 사람들과 즐겁고 복된 교제와 잔치의 자리를 같이 나누게 될 것이다.

천국에 갔다고 해서 지상에서 가졌던 사랑하는 사람들과의 교제가 단절이 되고 완전히 낯선 환경이 되어 이상한 삶을 사는 게 아니다. 예수님이 보여주시지 않았는가!

나는 확실히 믿는다. 예수님의 구속 사역이 완성되어 새 하늘과 새 땅에서 살게 되는 날, 내가 이 땅에서 만나고 사랑했던 모든 성도들과 만나서 반가운 교제를 나누게 될 것이라는 것을. 서로가 서로를 알아보고 하나님이 하신 일을 감사하고 찬미하게 될 것이나. 세상에서 불렀던 아름다운 찬양들도 같이 부르게 될 것이다. 나와 내 가족을 구원하시고, 선교 현장에서 만나서 복음을 들었던 많은 무리들로 인하여 하나님의 은혜를 서로 나누며 기뻐할 것이다.

또한 예수님의 테이블에 둘러앉아 기쁨의 포도주와 신선한 과일들, 잔치의 음식들을 나누며 테이블에 주인공이신 예수님과 시간 가는 줄 모르는 교제의 복된 시간을 누리게 될 것이다.

나는 종종 예배를 드릴 때에 이 순간이 그냥 이대로 멈추었으면 하는 때가 있었다. 그냥 그 순간이 천국이었다. 정말 세상과 나는 간 곳이 없었다. 너무나 감격하고 영광스럽고 그 아버지의 무한하신 은혜가 구름 같이 나를 뒤덮어서 죄성도 안 보이고 내 부족도 보이지 않은 채 그저 그 은혜만을 생각하고 예배하던 순간들이 있었다. 천국을 미리 맛보게 해 주신 것이라 믿는다.

새 하늘과 새 땅에서 부활의 몸을 입고 누리게 될 은혜가 이럴 것 같다. 그 온전한 기쁨이 우릴 지배하고, 감사와 찬양이 울려 퍼지며, 신령하고 거룩한 문화를 발전시켜 나가며, 영원하신 하나님의 유업들을 탐사해 나가는 복을 누리게 될 것이다.

영화롭게 되신 예수님

> 그는 만물을 자기에게 복종하게 하실 수 있는 자의 역사로 우리의 낮은 몸을 자기 영광의 몸의 형체와 같이 변하게 하시리라(빌 3:21).

우리가 부활의 몸을 가지게 될 때 그 몸은 예수님이 입으신 그 영광의 몸처럼 변화시켜 주신다고 바울은 말한다. 지금은 병들고 썩어지는 몸이지만 부활의 몸은 가장 높은 상태의 몸을 가지게 될 것인데 그것은 바로 예수님처럼 되는 것이다. 영광의 몸으로 변하는 것이다.

이미 예수님은 영광의 몸이 어떤 것인지를 이 땅에 계실 때 제자들에게 보여주신 적이 있다.

> 엿새 후에 예수께서 베드로와 야고보와 그 형제 요한을 데리시고 따로 높은 산에 올라 가셨더니 그들 앞에서 변형되

> 사 그 얼굴이 해 같이 빛나며 옷이 빛과 같이 희어졌더라(마 17:1-2).

영광의 몸을 입으신 변화산 상의 예수님 모습이다. 얼굴은 해 같이 빛이 나셨고 옷은 빛처럼 하얗게 빛났다. 베드로, 야고보와 함께 변화산에 같이 올랐던 제자들은 이런 형체를 일생에 단 한 번도 경험해 본 적이 없었다. 자기들의 스승인 예수님의 변형된 영광의 모습을 그저 경이에 찬 눈으로 바라만 보았다. 바로 그 예수님의 모습이 장차 자신들이 가지게 될 부활의 영화로운 몸임을 전혀 눈치채지 못하였다.

요한계시록 1장 12-16절에 나오는 영화로우신 예수님의 모습은 더욱 찬란하고 아름답다.

> 몸을 돌이켜 나에게 말한 음성을 알아 보려고 돌이킬 때에 일곱 금 촛대를 보았는데 촛대 사이에 인자 같은 이가 발에 끌리는 옷을 입고 가슴에 금띠를 띠고 그의 머리와 털의 희기가 흰 양털 같고 눈 같으며 그의 눈은 불꽃 같고 그의 발은 풀무불에 단련한 빛난 주석 같고 그의 음성은 많은 물소리와 같으며 그의 오른손에 일곱 별이 있고 그의 입에서

좌우에 날선 검이 나오고 그 얼굴은 해가 힘있게 비치는 것 같더라 내가 볼 때에 그의 발 앞에 엎드러져 죽은 자 같이 되매 그가 오른손을 내게 얹고 이르시되 두려워하지 말라 나는 처음이요 마지막이니 곧 살아 있는 자라 내가 전에 죽었었노라 볼지어다 이제 세세토록 살아 있어 사망과 음부의 열쇠를 가졌노니(계 1:12-18).

예수님은 현재 천국에서 확실히 가장 영화로우신 분일 것이다. 지금은 오직 예수님만 부활의 몸을 가지고 계실 뿐 다른 누구도 아직 부활의 몸을 가지고 있지 않기 때문이다. 그러나 성경이 말하는 바는 우리도 이차적이고 파생적인 방법으로 예수님처럼 몸에서 빛이 나는 하나님의 영광을 반사하게 될 것이라는 사실이다.

기억해야 할 것은 천국의 예수님은 분명히 사람의 몸을 가지고 계시고 앞으로도 그럴 것이라는 사실이다. 동시에 그의 신성(deity) 안에 있는 하나님의 영광의 빛을 그 몸에서 비출 것이다. 예수님이 이 땅에 계실 때는 사람의 몸을 입고 계셨기에 그 몸 안에 있는 하나님의 영광의 신성으로 나타낼 빛과 위엄이 가리워져 있었다. 그러나 천국에서 예수님은 이제 부활의 사람으로 그 안에 신성으로 가득 차서 찬란한 빛과 위엄과 영광을 드러내고 계신다.

우리도 예수님 다음으로 부활의 몸을 가신 사람으로 그 안에 하나님의 형상을 온전히 드러내며 빛으로 가득 찬 영광스러운 몸을 가지게 될 것이다. 우리의 몸 안에는, 비록 그것이 쇠약해지고 있다 하더라도, 부활의 몸을 위한 청사진이 들어있다.

아마도 당신은 지금 당신의 몸과 마음을 썩 만족스럽게 여기지 않을 것이다. 사실 지금의 자기 상태에 만족하고 사는 사람은 몇이나 되겠는가! 그러나 곧 부활로 말미암아 당신의 몸과 마음이 업그레이드될 때 매우 흥분하게 될 것이다. 그때 당신은 하나님을 더 잘 섬기게 될 것이고, 더 영광을 돌리며 하나님이 당신을 위해 예비하신 영원한 경이로움을 마음껏 누리게 될 것이다.

Chapter 11

왜 모든 피조물은 우리의 부활을 고대하고 있을까?

하나님의 나라는 단순히 어떤 개인들이나 선택된 그룹의 사람들의 구원을 의미하는 게 아니다. 이는 전체 우주의 완전한 갱신을 의미하며, 새 하늘과 새 땅으로 절정에 이르게 된다.

복음은 우리가 생각하는 것보다 훨씬 더 위대하다. 이 복음은 단순히 우리만을 위한 좋은 소식만이 아니라 동물과 식물, 별과 행성들을 위한 좋은 소식이다. 하늘 위와 땅 아래 있는 것들을 위한 좋은 소식이다. 예수 그리스도 안에서의 구속은 원래의 선한 창조의 회복을 의미하는 것이다.

우리는 지금까지 교회에서 이 구속이라는 의미를 너무 좁게 배워왔다. 그래서 구속은 인류만을 위한 것으로 믿고 그 이상을 생각할 수 없었다. 이 세상은 무조건 소망이 없고 악하며 천국은 이 땅과는 완전히 근본적으로 다른 곳이어야 한다고 믿게 된 것이다. 정말 그럴까? 한 번쯤은 말씀을 되새겨보며 진지하게 들여다 보아야 하지 않을까?

바울은 로마서 8장 19절에서 "피조물이 고대하는 바는 하나님의 아들들이 나타나는 것이니"라고 말했다. 왜 피조물들이 이토록 성도들의 부활을 기다리는 것일까? 하나님의 형상을 닮은 사람이 제일 중요하지 무슨 피조물들이 이토록 간절하다는 말인가? 바로 이 부분에서 우리는 가장 중요한 구속의 중심 사상을 놓치고 있었다.

하나님의 창조에는 인간만 있지 않았다. 먼저 6일 동안 온 세상을 당신의 마음속에 있는 계획대로 엄청나게 아름답게 만드셨다. 얼마나 좋으셨으면 "보시기에 좋았다"고 당신 스스로에게 칭찬을 하셨겠는가! 그리고 그 만물을 인간에게 다스리고 번성하고 충만하도록 관리자로 임명하셨다. 다른 말로 하면 인간과 피조 세계는 둘이 아니라 원래부터 하나의 공동체였다는 말이다. 피조 세계는 열등하고 인간만 월등한 것이 아니었다.

그런데 죄가 들어오고 난 후 인간이 오염되어 죽음에

이르게 되고 피조 세계도 인간 때문에 오염이 되어 신음을 하게 되었으며 인간에게 해를 입히는 적대적 관계를 가지게 되었다. 더욱이 이 죄로 말미암아 사탄은 온 세상을 조정하고 하나님의 이 땅에서의 계획을 망가뜨리기 위해 반역을 일삼기 시작했다. 여러분은 사탄이 인간만 타락시키고 조정한다고 생각하면 안 된다. 그것은 동전의 반쪽 면만 보는 것이다. 사탄은 이 피조 세계까지 부패시키고 조정해 왔다.

그러므로 예수 그리스도 안에 있는 구속은 인간과 자연 세계 둘 다를 포함하여 새롭게 회복하는 것이어야만 한다. 그래서 로마서 8장 19절은 피조물들이 성도들의 부활을 그토록 고대하고 있다고 말하는 것이다. 피조 세계도 회생을 하고, 인간도 회생을 하고, 이 땅도 회생을 하여 하나님의 원래 창조 계획을 완성하는 것이 예수님의 구속 사역의 목표였다.

바울은 골로새서 1장에서 예수 그리스도의 구속의 깊이와 폭을 웅장하게 그려내고 있다. 마음의 눈을 열고 깊이 묵상하며 읽어보자. 경이감에 사로잡히게 될 것이다.

만물이 그에게서 창조되되 하늘과 땅에서 보이는 것들과

> 보이지 않는 것들과 혹은 왕권들이나 주권들이나 통치자들이나 권세들이나 만물이 다 그로 말미암고 그를 위하여 창조되었고 또한 그가 만물보다 먼저 계시고 만물이 그 안에 함께 섰느니라 그는 몸인 교회의 머리시라 그가 근본이시요 죽은 자들 가운데서 먼저 나신 이시니 이는 친히 만물의 으뜸이 되려 하심이요 아버지께서는 모든 충만으로 예수 안에 거하게 하시고 그의 십자가의 피로 화평을 이루사 만물 곧 땅에 있는 것들이나 하늘에 있는 것들이 그로 말미암아 자기와 화목하게 되기를 기뻐하심이라 (골 1:16-20).

예수님은 만물을 창조하셨고, 만물은 그분을 위해 존재하고, 만물보다 먼저 계셨고, 예수님 안에서 모든 만물은 서로 연결되어 존재하고, 만물 가운데 가장 높은 자리에 계시고, 하나님은 오직 예수님을 통해서만 만물이 하나님과 화평이 이루어지는 것을 기뻐하셨다.

이 본문에서 '만물'이라는 말이 무려 6번이나 등장하고 있다. 앞 부분 1장 9-14절까지는 인간의 구속을 말하고 나머지 16-20절까지는 만물의 구속을 말하고 있다.

예수 그리스도의 부활은 우리(인간)를 새롭게 만드는 능력일 뿐만 아니라 산들과, 강들, 식물들과 동물들, 별들과 항성들 그리고 은하계를 포함하는 우주의 모든 부분을 새롭게 만드는 충분한 능력이다. 그리스도의 구속 사역은 부활을 우주의 먼 곳까지 확장시킨다. 이것은 하나님의 위대하심에 대한 아주 놀라운 확증이다.

피조물들의 신음소리가 들리는가?

여러분들은 이 자연계가 신음하고 있는 소리를 들어본 적이 있는가? 피조물들이 불안해하고 고통스러워하는 것을 못 느끼는가? 원래 하나님이 창조한 모든 피조 세계는 완벽한 조화를 이루어 인간과 자연계가 적대적이지 않고 가장 완전한 조화를 이루며 살게 돼 있었다.

산림이 불타고, 산사태가 나고, 강풍에 시달리고, 짐승들은 서로 물고 뜯으며 인간을 해롭게 하고, 인간도 역시 동물들을 해롭게 하고, 바다는 흉용하고, 지구 온난화로 기상 이변이 속출하고, 야생 동물들은 피 흘리고 고통스러워하며 서로 간에 평화가 없는 약육강식의 피조 세계가 내뱉는 신음소리를 못 느끼는가? 이 외에도 크고 작은 피조 세계에서 일어나는 일들은 평화가 없고 불안하고 위험하기만 하다.

이런 모든 부조화와 고통은 하나님의 계획이 아니다. 죄로 인해 오염된 결과일 뿐이다. 그러므로 인간이 구속을 받아 원래의 새 사람으로 회복되면 동시에 모든 피조 세계도 구속을 받고 원래의 상태로 회복이 되는 것이다. 피조 세계는 이것을 알고 있기에 하나님의 아들들이 부활의 몸을 입게 될 구속의 날을 손꼽아 기다리는 것이다.

정리해서 말하자면 다음과 같다.

인류의 길을 따라 모든 피조물도 간다.
인간의 행로가 곧 모든 창조물의 행로다.
인류의 운명이 곧 모든 피조물의 운명이다.

따라서 사람의 구속과 피조 세계의 구속은 두 개의 동떨어진 개념이 아니라 하나의 개념이고 동시에 일어나는 일이어야 한다. 인간의 회복 없이는 피조 세계의 회복이 없다. 인간만 회복되고 피조 세계는 그대로 남아 있기는 불가능하다. 왜냐하면 회복된 인간이 살아갈 세상은 반드시 회복된 피조 세계여야 하기 때문이다. 그래야 하나님의 의도대로 완벽한 조화와 평화의 환경이 되기 때문이다.

종교개혁자 마틴 루터는 "우리 주님은 부활의 약속을

단지 성경에만 써 놓으신 게 아니라 봄철에 피어나는 모든 잎에도 새겨 놓으셨다"고 했다. 얼마나 멋진 말인가! 추운 겨울 앙상한 가지만 남고 온 땅은 얼어붙어 꽃도 풀도 자라지 않다가 생명이 움트는 봄이 찾아오면 어디선지 푸른 잎이 돋아나고 풀이 자라나고 꽃들이 피기 시작한다.

자연계는 해마다 이 일을 반복한다. 이것은 모든 피조세계가 부활의 봄이 오길 기다리며 겨울의 신음소리를 내고 있는 것을 연상시킨다. 나는 밤마다 잠들기 전에 침대에서 기도를 드린다. "주님 오늘 밤도 부활의 연습을 하며 잠자리에 듭니다. 저녁에 눈을 감고 잠자리에 들면 죽음을 연습하고, 아침에 눈을 뜨면 부활의 몸으로 다시 일어나는 일을 연습하면서 또 하루를 살겠습니다. 주님 감사합니다. 나는 부활의 약속을 받았습니다. 영원토록 이 은총을 찬양합니다."

구속의 대헌장 구절

생각하건대 현재의 고난은 장차 우리에게 나타날 영광과 비교할 수 없도다 피조물이 고대하는 바는 하나님의 아들들이

> 나타나는 것이니 피조물이 허무한 데 굴복하는 것은 자기 뜻이 아니요 오직 굴복하게 하시는 이로 말미암음이라 그 바라는 것은 피조물도 썩어짐의 종노릇 한 데서 해방되어 하나님의 자녀들의 영광의 자유에 이르는 것이니라 피조물이 다 이제까지 함께 탄식하며 함께 고통을 겪고 있는 것을 우리가 아느니라 그뿐 아니라 또한 우리 곧 성령의 처음 익은 열매를 받은 우리까지도 속으로 탄식하여 양자 될 것 곧 우리 몸의 속량(구속)을 기다리느니라(롬 8:18-23).

22절에 나오는 '함께 탄식하며 함께 고통을 겪고 있다"고 말하는 단어가 "산통"을 말하는 것이다(in the pains of childbirth). 엄마들이 아기를 임신하면 9개월이 돼 갈 때 배가 불러온다. 그러면 아기가 세상에 나오기 위해 산통이 시작된다. 바울은 '산통'이라는 단어를 사용하면서 모든 피조물들이 이제 곧 9개월 엄마 뱃속에 있다가 세상 밖으로 나오기 위한 고통처럼 새롭게 회복되어 태어날 산통을 겪고 있다고 표현했다.

산통은 분명히 고통이지만 생명을 태어나게 하는 기쁨의 고통이다. 새로운 생명을 얻는 기쁨에 산통도 견디어 내는 것이다. 현재 모든 피조물들(하늘과 땅을 포함하는)이

겪어온 고통은 다시 새롭게 태어날 날을 기대하는 산통인 것이다. 할렐루야!

산통을 견디고 회복된 피조물들의 단면을 성경은 보여주고 있다. 이사야 11장 6-9절을 읽으며 상상의 날개를 펴보라! 얼마나 따뜻하고 흐뭇한지. 회복된 피조물들의 일상이 눈에 선하게 그려진다.

> 그 때에 이리가 어린 양과 함께 살며 표범이 어린 염소와 함께 누우며 송아지와 어린 사자와 살진 짐승이 함께 있어 어린 아이에게 끌리며 암소와 곰이 함께 먹으며 그것들의 새끼가 함께 엎드리며 사자가 소처럼 풀을 먹을 것이며 젖 먹는 아이가 독사의 구멍에서 장난하며 젖 뗀 어린 아이가 독사의 굴에 손을 넣을 것이라 내 거룩한 산 모든 곳에서 해 됨도 없고 상함도 없을 것이니 이는 물이 바다를 덮음 같이 여호와를 아는 지식이 세상에 충만할 것임이니라(사 11:6-9).

Chapter 12
우리 행위의 부활

예수님은 우리와 같은 사람이 되셔서 인류를 구속하시기 위해 이 땅에 사셨다. 예수님의 승리는 인류가 살고 있는 이 땅에서 일어나야 했다. 그리고 그리스도께서 구속받고 부활한 자기 백성들과 함께 그의 왕국을 세우기 위해 돌아올 이 땅에서 완성해야 했다.

> 그러므로 내 사랑하는 형제들아 견실하며 흔들리지 말고 항상 주의 일에 더욱 힘쓰는 자들이 되라 이는 너희 수고가 주 안에서 헛되지 않은 줄을 앎이라(고전 15:58).

후일에 우리 몸만 부활하는 것이 아니라 우리가 행한 일들도 같이 부활한다. 그래서 우리의 수고가 주 안에서 헛되지 않을 것이다. 이제 나는 여러분들에게 위로와 격려, 그리고 감동이 있는 부루스 밀렌의 글을 소개하려 한다.

> "공개적으로 수행되든 사적으로 노력하든, 모든 하나님 나라의 일은 그 나라의 불멸의 특성을 지닙니다. 모든 정직한 의도, 서툴게 전하는 증언의 말 한마디, 유혹에 대한 모든 저항, 회개의 모든 움직임, 관심의 모든 표현, 모든 일상적인 참여, 예배의 모든 동작, 순종을 향한 모든 노력, 중얼거리는 모든 기도, 문자 그대로 영원히 살아계신 분과의 믿음의 관계에서 흘러나오는 모든 것이, 그분의 재림 때 밝아올 영원한 천국의 질서 속에서 각자의 자리를 찾게 될 것입니다."

요한계시록 14장 13절을 보면 "그러하다 그들이 수고를 그치고 쉬리니 이는 그들의 행한 일이 따름이라 하시더라"고 했다. 우리가 이 땅에서 주와 그 나라를 위하여 인내하고 견뎌오며 주님을 위하여 드렸던 모든 의로운 행위들은 다음 세상으로, 즉 천국으로 이어져 간다. 선한 우리의 행위는 오랫동안 천국에 남게 된다.

모세는 시편 90편 17절에서 "주 우리 하나님의 은총을 우리에게 내리게 하사 우리의 손이 행한 일을 우리에게 견고하게 하소서 우리의 손이 행한 일을 견고하게 하소서"라고 요청을 한다. '견고하게 해 달라'는 말을 영어 역본인 Living Bible에서는 "하나님이 우리가 한 모든 일을 영원케 해 주소서"(May he give permanence to all we do)라고 해석을 했다.

우리가 이 땅에서 손으로 주를 위해 한 모든 일은 영구히 남는다. 세상에 있는 것들이 다 불타서 없어져도 선한 일은 남는다. 그래야 하나님이 새로운 세상이 올 때 거기서 우리에게 상을 주시지 않겠는가! 우리의 행위대로 갚아 주신다고 할 때에는 무슨 근거가 있어야 하는데, 그 근거는 이 땅에 있을 때 선악 간에 행한 모든 것이어야 한다.

작은 소자에게 물 한 그릇 준 것도 결코 상을 잃지 않겠다고 하셨다(마 10:42). 우리가 일생을 주님 나라를 위하여 살면서 주님의 이름으로 베풀고 봉사하며 희생한 모든 것들은 그 일이 크던 작던, 내가 기억을 해도 주님은 아시고 상을 내려 위로하신다.

이 땅에서 하나님이 기뻐하지 않는 모든 것들은 불로 다 태울 것이다. 그러나 믿음으로 살아온 삶의 결과물은 영원히 남게 될 것이다. 그것은 불로 태워도 태워지지 않는 정금 같은 것들이다.

다시 정리해 보자면 땅이 새롭게 구속을 받고, 모든 피조물들이 구속을 받으며, 그 구속받은 땅에서 부활한 사람들이 살게 될 것이다. 사람과 피조물만 부활하는 게 아니라 우리가 주를 위해 행했던 모든 일들도 다 부활하여 영원한 상급에 참여하게 될 것이다.

그러므로 지금 이 땅에서 살아가는 우리의 삶은 아주 사소한 것이라도 영원으로 연결돼 가고 있다는 것을 한시도 잊어서는 안 된다. 이 세상에서의 일과 천국에서의 삶이 끊어져 있지 않고 연결돼 있다는 것을 기억하자!

흥미로운 상상

한번 나와 함께 재미난 상상의 날개를 펴보자! 모세의 기도처럼 우리의 손으로 한 일을 영원히 남게 해 주신다면 새 땅에서 피조물도 다 회복되고, 우리가 부활의 몸으로 다시 살아 날 때, 우리가 손으로 한 일도 살아나게 될 수 있지 않을까?

주를 위해 악기들을 만들고 연주했던 음악가들, 미술가들, 건축가들, 그 외에도 많은 것들이 새 하늘과 새 땅에서도 다시 부활할 수 있지 않을까?

믿음의 조상들은 언제나 더 좋은 성(city) 또는 나라(country)를 바라보며 살았다. 그들이 보았던 천국은 도시였고 나라였다. 도시는 다양한 많은 건축물과 문화 시설들과 활동이 있는 곳이다. 한 나라는 통치자가 존재하고 통치를 받는 백성들과 영토가 있어야 한다. 나라 안에는 많은 기관들이 있고 시설들이 있다. 내 아버지 집에는 우리가 거할 집이 많다고 했다. 그 집들은 도시를 형성할 것이다. 도시들이 모여서 나라도 형성할 것이다.

나는 이 땅에서 우리가 개발하고 연마했던 모든 문화적 기술들이 새 땅에서 펼쳐질 천국에서 영광스러운 도구로 하나님의 통치에 걸맞게 변화되어 사용되리라고 믿는다. 요한계시록에 보면 천국에서도 찬양의 합창이 있고 악기들이 보인다.

창세기 4장 21절을 보면 유발은 수금과 퉁소의 조상이라고 했다. 수금은 하프(harp)고, 퉁소는 플루트(flute)다. 인류가 시작되던 아주 초기에 음악이 시작됐다. 이 악기들을 주신 분이 창조주 하나님이시다. 성경을 살펴보면 우리 하나님은 '음악의 신'이라고 할 만큼 음악을 사랑하신다. 하프는 이스라엘의 전통 악기다. 그러니 오래 전에 우리말로 성경을 번역할 때 하프와 비슷한 악기인 거문고로 번역을 했다. 계시의 말씀을 받던 성경의 저자들은 자기들이 이해하고 설명할 수 있는 것들로 계시를 받았다. 하나님은 그러한 문화적 상황을 적용해서 계시를 주셨다.

예를 들어, 보자. 하나님이 비행기를 보여주셨다고 하자. 그러면 그 당시에 비행기라는 것이 있지도 않았고 상상도 못하던 개념인데 무엇으로 설명하여 기록했겠는가? 어쩌면 가장 비슷한 것으로 비둘기를 선택하여 묘사했을 수도 있다.

만일에 천국에서 드려지는 예배에 트럼펫도 있고 바이올린도 있고 현악기나 관악기들이 있었다면 요한은 그것을 보았어도 도무지 설명할 수 없었을 것이다. 왜냐하면 그 시대에는 그런 악기들이 없었기 때문이다. 그래서 하나님은 요한에게 하프로 연주하는 것만 보여주셨을 수 있다.

만일에 천국에 하프가 있다면 다른 악기들도 있을 가능성은 얼마든지 있지 않을까? 나는 그럴 것이라고 분명히 믿는다. 왜냐고 묻는다면 하나님은 음악을 너무나 좋아하시기 때문이다. 하나님이 얼마나 음악을 사랑하시는지 시편 150편에서 말씀하신다.

> 할렐루야 그의 성소에서 하나님을 찬양하며 그의 권능의 궁창에서 그를 찬양할지어다 그의 능하신 행동을 찬양하며 그의 지극히 위대하심을 따라 찬양할지어다 나팔 소리로 찬양하며 비파와 수금으로 찬양할지어다 소고 치며 춤 추어 찬양하며 현악과 퉁소로 찬양할지어다 큰 소리 나는 제금으로 찬양하며 높은 소리 나는 제금으로 찬양할지어다 호흡이 있는 자마다 여호와를 찬양할지어다 할렐루야!

모든 악기를 다 동원하여 하나님을 찬양하라고 했다. 다윗은 구약의 사람이지만 모세의 예배를 따르지 않고 신약적인 예배를 드렸던 유일한 사람이다. 그가 왕으로 있으면서 조직적인 찬양 팀을 만들어 1년 365일을 운영했다.

찬양대는 다윗 왕 시기에 등장했다. 성경 속 기록을 살펴보면, 다윗의 찬양대는 찬송을 배운 전문가 288명(대상 25:1-7)과 30세 이상 레위인 4000명(대상 23:3-5)이 모여 하나님을 찬양했다. 성가대 인원만 무려 4000명에다 전문 찬양 인도자가 288명이나 됐다. 솔로몬 시대에는 노래하는 이들에 더해 제사장 120명이 나팔로 하나님을 찬송했다(대하 5:12).

역대상 15장 19-24절에 기록을 보면 다윗은 놋제금 3대, 비파 8대, 수금 6대, 나팔 7대를 편성해 하나님을 찬양했다. 수금, 비파, 제금은 하나님을 찬양하는 주요 악기였고 특별한 절기에만 나팔이 첨가되었다. 다양한 악기로 하나님께 영광을 올려드린 구약 성경 속 다윗의 찬양대는 현대 교회의 오케스트라와 비교해 볼 수 있다.

내가 말하려는 요점은 하나님이 얼마나 음악을 좋아하시는지 말하려고 하는 것이다. 그 음악을 통해서 하나님은 찬양을 받으시고 기뻐하시며 춤을 추신다. 그래서 모든 악기들을 다 동원해서 찬양을 하라고 한 것이다.

인간이 만든 모든 악기는 하나님의 창조 질서 속에서 주어진 계시적인 축복이다. 하나님의 형상을 닮은 인간들 속에서 창조의 능력이 숨어있다. 악기의 개발은 그런 창조의 잠재력이 발휘되어 나타난 결과물이다. 하나님은 이런 다양한 악기들로 인간 세계를 부요하게 하셨고 궁극적으로는 하나님의 영광을 노래하며 예배하는 도구로 사용될 것이다.

지금 이 땅에서 악기를 배우고 연주하는 성도들은 소원을 가지고 더 부지런히, 더 아름답고 거룩하게 열정을 가지고 하나님을 찬양하고 영광을 돌리는 연습을 해야 한다. 내가 분명히 말하지만 그 은사는 여기서 끝나지 않고 새 땅(궁극적 천국)으로 반드시 연결되어 보다 완벽하고 아름답게 사용될 것이다.

그러니 천국에서 음악 활동이 있을 것은 당연하고 미술 활동도 분명히 있을 것이다. 새 하늘과 새 땅의 그 지고한 아름다움과, 하나님 자신의 아름다움을 색으로 표현하는 완전한 미술이 천국에서 사용될 것이다. 뒤에서 더 자세히 다루겠지만 모든 음악이 구속을 받고 미술이 구속을 받으면 하나님만을 찬양하고 경배하는 거룩하고 완벽한 도구로 쓰임을 받게 될 것이다. 이것이 하나님의 원래 계획이었다.

따라서 우리는 하나님의 구속 계획을 우주적 차원에서 이해하기 위해 새 땅에 대한 교리를 명확히 이해할 필요가 있다. 우리는 하나님께서 인간의 타락으로 인한 모든 결과가 온 우주에서 완전히 제거될 때까지 만족하지 않으실 것임을 깨달아야 한다(안토니 후크마).

Chapter 13

새 땅은 우리에게 익숙한 곳일까?

대다수의 사람들은 죽지 않고 영원히 사는 일을 꿈꿔 왔다. 현대는 유전자 연구로 인간의 연약한 몸을 건강한 젊은이의 몸으로, 생명을 더 연장하는 일을 구체화시키고 있다. 생명 연장 연구에 쏟아 붓는 연구비는 천문학적이다. 아직 결과는 미미하지만 시간이 좀 더 흐른다면 상당한 성과를 낼 것 같다.

왜 인류는 죽지 않고 오래 살기를 원하고 있을까? 이유는 간단하다. 천국의 소망이 있는 우리에게도 이 세상이 주는 기쁨이 얼마나 큰지 모른다. 비록 아담과 하와의 범죄로 이 세상에 죄와 저주가 들어와서 온 세상을 오염시켰지만 이 땅은 아직도 창조주의 솜씨를 멋지게 보여주고 있다.

아름다운 꽃들, 산과 계곡, 멋진 바다와 강들 정말 수없이 아름다운 자연 앞에 우린 얼마나 감탄을 많이 했는지 모른다. 온 하늘을 붉게 물들이며 지는 저녁 노을, 새벽에 어둠을 가르고 떠오르는 태양의 웅장함, 깊은 산중에 울려 퍼지는 새들의 소리와 바람 소리, 청량한 공기와 시원함, 한 여름에도 호수에 비춰지는 만년설의 아름다움, 에머랄드색의 바닷가, 섬들과 바다가 풍경화처럼 어우러진 해안선들, 온갖 형형색색의 물고기들, 높은 산맥의 그 웅장함, 이 자연의 아름다움과 웅장함을 다 열거하자면 지면이 부족할 정도다.

사람들은 이런 아름다운 세상과 작별하고 싶어하지 않는다. 오래오래 살면서 기쁨을 누리고 싶어 한다. 그런데 사람들 속에 있는 이런 바람은 나쁜 게 아니다. 하나님이 인간을 창조하고 세상을 만드실 때 이미 사람 속에 그걸 누리도록 넣어준 마음이다. 죄로 인해 잠시 보류된 것일 뿐 새 하늘과 새 땅 아래서는 이 소원과 기쁨이 온전히 회복되어 영원토록 누리게 될 것이다.

불로초를 구하지 말고, 큰 돈으로 유전자를 가위질하여 회춘하려 하지 말고, 새 땅으로 가는 문인 주 예수 그리스도를 믿으라. 돈 한 푼 들이지 않고 진시황이 그토록 구하려고 했던 영생의 길이 열린다. 주 예수로 말미암아 얻을 이 놀라운 축복을 거절하지 말고 하나님이 인류에게 그토록 주시고자 하는 이 영원한 기쁨을 얻으라! 주 예수 말고 다른 길은 없다. 그분이 길이고 진리고 생명에 이르는 길이다.

잘못된 생각들을 교정한다

새 하늘과 새 땅이 실재로 물리적인 땅이라는 것을 안다면 우리가 지금까지 가지고 있던 잘못된 생각들을 바로잡을 수 있다. 솔직히 말해서 부끄러운 이야기지만 난 '환경 운동'을 하는 사람들을 고운 눈으로 바라보지 못했다. 물론 순수하게 환경 운동을 하지 않고 정치적인 목적으로 하는 이들도 있는 게 사실이다. 그렇다 하더라도 환경을 오염시키지 말고 잘 보존하자는 뜻은 매우 성경적이고 하나님의 뜻에 부합한다.

하나님은 6일 동안 당신의 손으로 온 세상을 창조하셨다. 완전한 걸작품을 만들어 우리에게 선물로 주셨다. 그리고 하나님의 형상을 닮은 청지기인 우리는 그 하나님의 작품을 잘 관리할 사명도 같이 부여받았다. 비록 아담은 실패했지만 우린 그리스도 안에서 다시 이 명령을 받았다.

- 하나님이 만든 이 자연을 잘 보존하고 다듬어 나가는 것은 하나님의 뜻이 분명하다
- 이 자연을 사랑하는 것은 하나님을 사랑하는 것과 같은 행위다. 하나님이 만든 세상을 귀히 여기면 하나님을 존중하는 것과 같은 것이다.
- 이러한 관점으로 보면 하나님은 단 한순간도 이 세상을 사탄에게 준 적이 없다. 사탄이 이 세상의 신 노릇을 하며 사람들을 미혹하지만 단 한순간도 세상을 소유하거나 주인 노릇을 한 적은 없다. 여전히 하나님이 세상의 주인이시다.
- 자연을 숭배하는 사상은 옳지 않다. 자연은 하나님의 솜씨가 드러나 있고 보이지 않는 신성이 숨어 있어 위대한 것이지 그 자체가 숭배의 대상일 수 없다.
- 그러므로 우리는 날마다 이 세상을 보면서 미래의 새 땅을 연결하고 벅찬 감사를 하나님께 드릴 수 있게 된다. 죽음으로 끝나는 게 아니라 이 땅과 새 땅이 서로 연결되어

가고 있다는 것에 감사를 드리게 된다.

지금부터 우리가 미래의 천국에 대해 잘못 생각하고 있는 부분들을 비교해 보자.

천국에 대한 우리의 추측	성경이 말하는 천국
· 이 땅이 아니다. · 다른 세상이어서 친숙하지 않다. · 육체가 없는 영의 상태 · 시간도 공간도 존재하지 않는다. · 정체되었다. · 좋아하는 것들을 다 떠난다. · 할 일 없이 구름 타고 날아 다닌다. · 지루함 · 열망의 상실	· 새 땅이다. · 땅의 영역이어서 친숙하다. · 부활한 실재적인 몸 · 시간과 공간이 있다. · 매우 역동적이다. · 좋은 것은 간직하고 더 좋은 것들로 나아간다. · 하나님께 예배하며 봉사한다. 우주의 통치에 참여하고, 이룰 목적 있는 일; 함께 즐길 친구들(성도들)-공동체 · 매우 흥미로움 · 열망의 지속적인 성취

인류 역사 속에서 세 땅(세 세상-Three Earth)을 동시에 살아갈 사람은 오직 아담과 하와다. 그들은 죄가 들어오기 전에 세상을 살았고, 죄로 말미암아 오염된 세상을 살았으며, 구속받을 새 땅에서 살아갈 것이다.

사실 사탄만큼 우리에게서 천국의 바른 실체를 못 보게 하고 관심을 두지 못하게 할 존재는 없다. 교회를 세속주의에 빠지게 하고 성도들을 욕망과 탐욕의 종이 되어 살게 하는 것이 사탄의 큰 목표 중 하나다. 우리의 시선을 위로 향하지 않고 땅으로만 향하도록 만들며, 영원에서 누릴 영광보다 세상에서 누리게 될 영광과 성공에 더 몰두하게 만든다. 사탄은 우리가 하나님과 신나는 사랑에 빠지는 걸 너무나 싫어한다.

만일 우리가 하나님이 준비한 새 하늘과 새 땅을 향한 기대와 사랑에 빠지고 그로 인해 하나님을 더 사랑하게 된다면 우리는 더 큰 결의와 통찰력으로 그를 따르도록 용기를 얻게 될 것이다. 고대 유대인들의 결혼 풍습을 생각해 보자.

신부는 신랑이 자기를 데리러 와서 신랑이 준비해 놓은 처소로 데려가기를 기다린다. 신랑과 사랑에 빠져 한 집에서 살 날을 기대하며 기다린다. 신랑이 언제 정확히 데리러 올지는 몰라도 신부는 신랑을 의심하지 않는다. 때로 외롭고 어려움을 겪을 수는 있겠지만 신랑이 자기를 잊지 않고 데리러 온다는 것을 굳게 믿고 인내한다. 미래에 신랑과 행복하게 살 날을 기대하며 그 어느 것에도 한눈팔지 않고 현재를 이겨내는 것이다.

교회는 그리스도의 신부다. 때가 되면 신랑이 와서 신부를 자기가 준비한 집으로 데려간다. 교회는 그때를 정확히 모르지만 신랑이신 그리스도께서 자기를 잊지 않고 데리러 온다는 것을 잘 알고 있다. 다른 남자(세상)에게 한눈팔지 않고 신랑과 영원히 살 행복한 날을 꿈꾸며 인내로 기다린다. 그러나 신부인 교회는 단순히 인내만 하며 기다리는 것은 아니다. 그런 그림은 너무 어둡고 소극적이다. 신랑과의 행복을 꿈꾸며 오히려 이 세상에서 기쁨과 소망으로 가득 찬 나날을 보낸다. 비록 환난과 핍박이 있고 많은 유혹들이 지뢰밭처럼 널브러져 있어도 신랑이 오시면 그 행복한 나날을 영원토록 함께할 생각에 보다 적극적으로 삶을 살아간다. 이것이 바로 그리스도인의 삶이어야 한다.

천국은 우리들의 집이다

이제 우리가 '집'이라는 단어에 집착해 보자. 성경은 천국이 우리의 집이라고 가르친다. 여러분들은 집을 생각할 때 어떤 이미지가 떠오르는가? 물론 깨어지고 고통스러운 환경에서 자란 사람들은 집을 생각할 때 좋지 않은 기억들이 있을 것이다. 그러나 여기서는 일반적이고 표준적인 집을 생각해 보자.

나는 내 또래들에 비해서 좀 어려운 환경에서 어린 시절과 중고등학교 시절을 보냈다. 그래서 가정에 대한 아름다운 추억들은 그리 많지가 않지만 즐겁고 행복했던 기억들도 많다. 가정 형편이 늘 어려웠다고 해서 모두 다 불행하고 슬픈 기억만 있는 건 아니다. 어려운 순간들 속에서도 하나님이 주셨던 기쁨의 순간들과 추억들이 있었다. 그리고 그 어려움을 지나면서 수없이 많은 소중한 교훈들과 가족의 하나됨을 경험하기도 했다.

어린 나이에도 어머니가 고생하는 게 안쓰러워서 시장에 따라가서 도라지 팔던 엄마를 돕던 일, 학교에 갔다 오면 어머니는 직장에 나가시고 없어서 혼자 부엌에서 음식을 차려 먹던 일, 가족들과 청평에 물놀이를 갔던 일, 집에서 복실이라는 강아지를 키웠던 일, 형님이 폐병으로 고생할 때 어머니와 아카시아 나무를 끓여서 약으로 먹이던 일 등 수없이 많은 추억들이 있다.

먹고 사는 일은 녹녹치 않았지만 사랑하는 부모님과 형제들이 모여 살았던 곳 그것이 바로 가정이었다. 얼마 전에 현재의 천국으로 이주한 누나와 나이 차이는 나지만 신앙의 동역자로서 많은 추억들이 있다.

지금 나는 내 가정을 가지고 있다. 결혼한 아들과 손주들, 그리고 딸이 있다. 지금은 사역으로 인해 나는 한국에 있고 자녀들은 미국에 살고 있지만, 자주 연락하고 대화를 나누고 그 어느 때보다 행복한 사랑을 나누고 있다. 가족애라는 것이 얼마나 소중한지를 늘 느끼며 살고 있다.

소중한 사람들과 같이, 사랑하는 사람들과 같이 자고 먹고 즐기며 희로애락을 함께 했던 곳, 바로 그곳이 가정이다. 나는 확신한다. 천국이 하나님을 아버지로 모시고, 예수님을 신랑으로 모시고 산다면 우리는 모두 한 가족이다. 지상에서 사랑하며 교제하고 살았던 내 가족들과 친구들 믿음의 사람들과 함께 사랑과 평화를 누리며 하나님의 우주적 통치에 참여할 것이다.

예수님은 목수 출신이셨다. 우리를 위해 준비하시는 집들은 얼마나 환상적일까! 지상에 그 어떤 집보다 더 아름답고 훌륭한 최상의 집을 준비해 주실 것이다. 새 땅에서 보게 될 집들, 건축물들은 지상과 전혀 상관이 없었던 낯설고 괴상한 것들일 수 없다. 새로워지고 완벽해진 집들(Renewed and completed houses and buildings)일 것이다.

향수병

> 만약 내가 이 세상의 어떤 경험으로도 만족시킬 수 없는 욕구를 발견한다면, 가장 그럴듯한 설명은 내가 다른 세상을 위해 만들어졌다는 것이다(C. S. 루이스).

여러분들은 직장 문제나 학업 때문에 집과 고향을 오랫동안 떠나 있어본 적이 있는가? 이제는 한국도 추석의 열기가 조금씩 식어가지만 여전히 그날에 고향을 찾는 사람들이 많다. 미국도 추수감사절이 오면 전국으로 수천만 명이 이동을 한다. 고향 집으로 식구들과 재회를 위해 기쁨으로 달려간다. 이런 모든 풍습들이 무의식 중에 우리는 모두 영원한 본향을 사모하며 살고 있다는 증거이기도 하다.

나도 오랫동안 여행을 다녀오면 집에 들어올 때 가장 편하다는 느낌을 받는다. 돌아갈 집이 있다는 것이 여행 중에도 늘 위로가 된다. 내가 초등학교 시절 우리 반에 고아원에서 학교를 다니는 친구가 있었다. 지금은 시도 쓰는 문인이 되었지만 늘 해 지는 오후가 되면 얼굴이 어두워지던 친구였다. 왜냐하면 그 아이가 돌아가야 할 고아원은 자기 집이 아니었기 때문이다.

돌아갈 고향이 있는 우리는 이 땅에서 늘 만족하지 못하고 산다. 아니 만족할 수가 없다. 우리가 모두 본향에 도달할 때까지는 아무리 좋은 차를 타고, 좋은 집을 가지고 새것과 명품으로 치장을 하며 전 세계를 여행하며 다녀도 진정한 만족은 없다. 진정한 만족은 없지만 여전히 우리는 하나님이 이토록 아름답게 만든 이 땅을 소중하게 생각하고 사랑한다. 그러면서 슬픔과 고통 중에서도 부분적인 천국 본향을 경험하고 있다.

우리가 지금은 나그네요 행인의 신분이기에 여행길에 완전한 만족은 없을지라도, 하나님은 우리들의 본향 천국을 미리 맛볼 수 있게 해 주셨다. 우리가 미리 맛보고 있는 천국의 행복은 다가올 미래에 누리게 될 위대한 삶의 전주곡이다. 본향을 향하는 천국 향수병은 건강하고 좋은 것이다. 녹음이 짙은 숲속에서처럼 짙은 향수병에 빠지길 바란다. 기대하시라, 개봉 박두!

Chapter 14

우리 가운데 거하실 하나님

한번 상상해 보라! 에덴동산에서는 하나님이 아담을 찾아오셨다. 그러나 '새 땅'에서는 우리가 하나님을 만나기 위해 어디로 가야 할 필요도 없고 또 하나님 자신도 우리를 만나기 위해 오실 필요가 없다. 같은 집에서 하나님과 인류는 영원토록 같이 살 것이다. 이것만큼 우리를 흥분시키는 이야기가 또 어디 있을까? 우리가 그토록 사모하고 기다렸던 하나님 아버지를 날마다 뵐 수 있고, 우리 구주 예수님을 언제든지 만나 사랑의 교제를 할 수 있는 날이 온다는 것은 얼마나 감격적일까!

이 땅에서는 특별한 경우 환상 중에나 만날 수 있었던 주님을 그때는 새 땅에서 누구나 언제든지 만나서 예배하고 사랑의 교제를 할 수 있다. 새 땅에서는 주님이 우주의 어디 먼 곳에 계시지 않고 우리와 같은 공간에서 살게 된다. 우리 가운데, 우리와 같이 살게 된다.

> 내가 들으니 보좌에서 큰 음성이 나서 이르되 보라 하나님의 장막 사람들과 함께 있으매 하나님이 그들과 함께 계시리니 그들은 하나님의 백성이 되고 하나님은 친히 그들과 함께 계셔서 모든 눈물을 그 눈에서 닦아 주시니 다시는 사망이 없고 애통하는 것이나 곡하는 것이나 아픈 것이 다시 있지 아니하리니 처음 것들이 다 지나갔음이러라(계 21:3-4).

여기서 말하는 '하나님의 장막'은 '하나님이 거하시는 처소'(Dwelling Place of God)를 의미한다. 쉬운 말로 하나님의 집을 말한다. 하나님이 사시는 집 그 집이 우리 가운데 있다는 말이다. 하나님은 우리와 같이 사시려고 우리를 그의 백성 삼으시고 친히 우리들의 하나님이 되셨다. 하나님이 새 땅에서 친히 우리와 함께 계시기 때문에, 우리는 더 이상 슬픔이나 죽음이 없이 영원토록 주님과 함께 살게 될 것이다.

하나님이 우리와 같이 살게 될 때는 더 이상 땅과 하늘이 분리되지 않을 것이다. 새 땅은 하나님이 거하시는 중심지가 될 것이다. 성경이 말하는 천국은 하나님이 거하시는 곳이다. 그래서 지금도 이 땅에서 하나님과 동행하는 사람들은 부분적이지만 이미 천국을 맛보고 있는 것이다. 천국에 관하여 여러 이야기들이 있지만 천국은 하나님이 계신 곳이어야만 한다. 하나님의 거처가 없는 곳은 아무리 기가막힌 유토피아여도 천국일 수 없다. 그러므로 새 예루살렘과 함께 하늘에서(현재 천국) 내려오신 하나님은 당신의 거처를 '새 땅'에다 정하시고 우리와 영원히 함께하시는 것이다. 바로 거기가 우리가 기다리는 최종 천국이다.

친히 그들과 함께 계셔서

'친히 그들과 함께 계셔서'라는 말은 영어로 'God Himself will be with them'이다. '하나님 자신이 우리와 함께 계신다'는 말이다. 이 말은 하나님이 이젠 더 이상 하나님의 대리자를 보내지 않고 직접 자신이 새 땅에 오셔서 살기로 했다는 뜻이다.

그 새 땅은 하나님의 충만한 영광으로 가득 차 있을 것이다. 어느 한 장소에만 그분의 영광이 비추는 게 아니고 새 땅과 새 하늘을 가득 채울 것이다. 그래서 우리가 어디를 가든지 즉시 그분의 충만한 영광 안으로 들어가게 된다. 어디를 가든지 하나님의 임재의 충만함을 즐거워할 것이다. 그리고 영원토록 하나님과의 교제가 끊어지거나 중단되지 않을 것이다. 할렐루야!

새 땅에서 우리는 하나님의 영광이 우리가 숨쉬는 공기가 될 것이고 우리는 더 많이, 더 깊이 그 영광으로 숨쉬게 될 것이다. 새 땅에서는 하나님 자신이 제일 큰 상급이다. 하나님 자신보다 더 좋은 상급은 없다. 아무리 주를 위해 일생에 수고를 했다고 하더라도 천국에서 받을 상이 하나님 자신보다 더 아름답고 귀할 순 없다. 레위인들의 분깃이 땅이 아니고 하나님 자신이었듯이 새 땅에서도 최고의 상급은 하나님임을 잊지 말아야 한다.

천국의 지복(至福)은 본질적으로 하나님 자신을 보고, 사랑하고, 즐거워하는 것으로 이루어진다. 천국에서는 우리 자신의 의와 자기 기만으로부터 자유로워질 것이다. 하나님의 선하심에 대하여 더 이상 질문을 던지지 않을 것이다. 오히려 하나님의 선하심을 보고, 맛보고, 즐거워하고 동료들에게 그 선하심을 선포할 것이다.

지옥은 하나님의 부재가 있는 곳이고 천국은 하나님의 임재가 있는 곳이다. 하나님의 임재는 천국의 핵심이다.

하나님과 함께한다는 말은 하나님을 알고 하나님을 본다는 말이다. 이게 천국의 중심 사상이다. 하늘에서 내려온 새 예루살렘은 하나님의 영광으로 가득 차 있어서 해나 달의 빛이 필요하지 않다. 누구든지 구속받은 사람들은 그 문으로 들어가 언제든지 사랑하는 주님을 만날 수 있다. 바로 이것이 천국의 기적 중에 가장 위대한 기적인 것이다.

예수님과 함께하는 곳

> 가서 너희를 위하여 거처를 예비하면 내가 다시 와서 너희를 내게로 영접하여 나 있는 곳에 너희도 있게 하리라(요 14:3).

예수님의 제자들을 향한 약속은 "나 있는 곳에 너희도 있을 것이다"였다. 우리가 죽으면 바로 예수님을 만나게 된다. 부활의 몸을 입고 새 땅에 살게 될 때도 역시 예수님과 함께 왕 노릇을 하게 된다. 바울은 몸을 떠나 예수님과 함께하는 것이 좋다고 고백했다. 우리 모두의 소원은 우리 주 예수 그리스도와 함께 사는 것이다. 마틴 루터는 심지어 이런 말까지 했다. "나는 그와 함께 지옥에 있는 것이 그 없이 천국에 있는 것보다 낫다."

> 아버지여 내게 주신 자도 나 있는 곳에 나와 함께 있어 아버지께서 창세 전부터 나를 사랑하시므로 내게 주신 나의 영광을 그들로 보게 하시기를 원하나이다(요 17:24).

예수님은 이 땅에 계신 때부터 우리를 사랑하시되 끝까지 사랑하셨다. 그것은 누가 강요해서가 아니라 예수님 자신의 선택이고 의지였다. 그의 영원한 사랑은 단지 이 땅에서 끝난 게 아니라 천국에까지 이어진다. 우리의 영원한 친구이자 구주이신 예수 그리스도와 함께 사는 것을 생각해 보라! 그토록 사모하던 예수님을 뵙고 함께 테이블에 둘러 앉아 먹고 마시며 웃고 노래하고 이 얼마나 귀하고 영광 찬란한 삶인가! 친밀한 사람들끼리 가능한 이러한 잔치 자리에 우리가 초대를 받았다. 이것보다 더 큰 특권과 영광이 또 어디에 있을까!

여기서 잠깐만!

천국에서 하나님이 우리에게 상을 주시는 이유는 우리가 그분을 위하여 드린 헌신과 수고를 기억해 주시기 때문이다. 쉬운 말로 하면 하나님은 자기를 위하여 삶을 드린 성도들의 노고를 고마워하시기 때문에 상을 주시는 것이다. 그렇지 않다면 상을 주실 이유가 없다.

하나님이 우리를 고마워하신다고? 그렇다! 하나님은 우리가 이 땅에서 그의 나라와 영광을 위하여 바친 시간, 희생, 돈, 자녀, 재능, 그 모든 것들을 귀히 보시고 고마워하신다. 왜냐하면 수없이 많은 성도들이 그들의 일생 동안 하나님이 주신 계명들을 지키고 기쁨으로 온 정성을 다해 믿고 따랐으니 하나님은 얼마나 기분이 좋으시고 흡족해 하실까!

마찬가지로 예수님은 분명히 천국에서도 자기를 따르고 헌신하고 제자도의 길을 걷고, 심지어는 순교까지 감당한 수없이 많은 제자들을 섬겨 주실 것이다. 아니 천국에서도 우리 주 예수님이 지상에서처럼 우릴 섬겨 주신다는 게 받아들여지는가!

나는 충분히 그럴 수 있다고 믿는다. 예수님은 영광의

하늘 보좌를 스스로 내려 놓고 우리를 구원하시려고 인간의 자리까지 오셨다. 그것은 순전히 자발적이고 순수한 겸손이었다. 신이 인간이 되어 사랑을 보여주신 인류 역사 최대의 사건이다. 이유는 단 하나였다. "잃은 자를 찾아 구원하기 위해"서였다. 이런 예수님의 사랑은 '끝까지 사랑'이었다. 이 땅에서만이 아니라 영원까지 이어지는 사랑이었다.

스스로 자신의 생명을 내어주신 그 사랑은 새 땅에서도 영원토록 지속될 것이다. 물론 우리가 사랑하는 예수님과의 친교는 결코 일방적이지 않을 것이다. 구속받은 우리 또한 온 맘 다해 예수님께 사랑을 드리고 감사를 드리며 즐거움의 잔치를 이어갈 것이다. 동시에 예수님도 이 땅에 계실 때 사랑하셨던 모든 사람들을 천국에서도 여전한 사랑으로 섬겨 주심으로 신랑과 신부 간의 사랑으로 이어져 갈 것이다.

> 주인이 와서 깨어 있는 것을 보면 그 종들은 복이 있으리로다 내가 진실로 너희에게 이르노니 주인이 띠를 띠고 그 종들을 자리에 앉히고 나아와 수종들리라(눅 12:37).

이런 표현이 제일 좋을 것 같다. 이 말씀은 신랑이 언제 올지 모르니 항상 깨어 있으라는 문맥으로 주신 말씀이다. 너무나 충격적이다. 주인이 돌아와서 문을 열어 달라고 할 때 자지 않고 기다리다가 즉시로 문을 열어주는 사람이 된다면, 주인은 그 종들을 자리에 앉히고 수종(봉사, 섬김)들어 준다는 것이다.

어찌보면 종들은 집 주인을 기다리는 것이 저들의 임무일 것이다. 자지 않고 문을 열어 주었다고 해서 상을 받을 일은 아니다. 마땅히 할 일을 한 것이다. 그런데 여기에 반전이 있다. 예수님은 언제 올지 모르는 주인을 기다리며 깨어 있던 종들을 고맙게 여겨 옷을 갈아입고 종들을 자리에 앉힌 다음 섬겨 주신다는 것이다.

"주인이 띠를 띠고"라는 말은 일복으로 갈아 입었다는 뜻이다. "자리에 앉혔다"는 말은 식탁에 비스듬히 누워 있게" 했다는 뜻이다. 상상해 보면 문을 열어준 종들을 유대 전통에 따라 식탁에 비스듬히 앉게 하고 음식을 날라다 주며 섬김의 봉사를 했다는 말이다. 와우!

종들은 당연히 해야 할 일을 했지만 주인은 그 일을 고마워하고 그들을 섬기기로 한 것이다. 후일에 우리도 천국에 이르면 예수님이 이 땅에 계실 때 그랬던 것처럼 우리를 자리에 앉게 하고 섬겨 주실 것이다. 여기서 떠오르는 성경의 장면이 있다. 예수님이 손수 수건을 허리에 두르시고 제자들의 발을 씻겨 주시던 장면이다. 이것을 누가 상상이나 했을까! 제자들은 너무 당황해서 그렇게 하시지 말라고 만류를 했을 정도였다.

> 인자가 온 것은 섬김을 받으려 함이 아니라 도리어 섬기려 하고 자기 목숨을 많은 사람의 대속물로 주려 함이니라(마 20:28).

이 땅에서 우리를 섬겨 주신 것은 인간이 만들어 요구한 것이 아니라 예수님 자신의 아이디어였다. 만일 그 섬김이 우리의 요구였다면 그것은 분명한 신성 모독의 죄일 것이다. 천국에서 예수님은 때때로 우리를 섬겨 주실 것이다. 그래서 사랑의 교제는 극대화될 것이다.

이사야 25장 6, 8절 말씀으로 이 장을 마무리한다.

> 만군의 여호와께서 이 산에서 만민을 위하여 기름진 것과 오래 저장하였던 포도주로 연회를 베푸시니 곧 골수가 가득한 기름진 것과 오래 저장하였던 맑은 포도주로 하실

것이며… 사망을 영원히 멸하실 것이라 주 여호와께서 모든 얼굴에서 눈물을 씻기시며 자기 백성의 수치를 온 천하에서 제하시리라 여호와께서 이같이 말씀하셨느니라(사 25:6, 8).

Chapter 15
천국에서의 예배가 정말 지루할까?

　천국의 핵심은 과연 무엇일까? 그것은 삼위 하나님에 대한 지극한 사랑과 누림 그리고 직접 대면하여 날마다 만나는 복이라고 할 수 있다. 천국이 아름답고 황홀한 이유는 바로 이것 때문이다. 루터의 말이 좀 극단적이긴 하지만 그 요점은 명백하다. "그리스도가 없는 천국보다 그리스도와 함께하는 지옥이 차라리 낫다"는 말은 천국의 진정한 기쁨과 복락이 어디서 오느냐를 밝힌 것이다.

　천국은 옛 세상이 새로와져서 모든 게 회복된 새 하늘과 새 땅인데 만일 거기에 삼위 하나님이 빠져 있다면 그것은 천국일 수 없다. 삼위 하나님의 거처가 우리와 함께하기 때문에 그 외에 회복된 모든 피조물들이 아름다운 것이다. 천국에서 하나님보다 더 아름답고 황홀한 것은 존재할 수 없다. 그분이 계시기 때문에 회복된 새 땅이 아름다운 것이다.

　천국에서 날마다 하나님을 뵈옵는 것은 절대 지루한 일이 아니다. 나는 사랑하는 사람들이 서로 지루해하는 것을 본 적이 없다. 자기가 정말 좋아하는 일은 지루해하지 않는다. 지루하다는 말은 사랑하지 않는다는 뜻이다. 예배가 지루하다면 그는 하나님이 지루한 사람이다. 하나님이 좋은데 예배가 지루할 수 없다(물론 그 귀한 예배를 지루하게 만드는 사역자들의 책임도 크다는 것을 인정하면서도).

　하나님을 뵈옵는 것은 아주 역동적이고 흥분되는 일일 것이다. 그것은 마치 금광에서 금을 캐는 것과 같은 기쁨일 것이다. 하나님의 새로운 아름다움과 드러나지 않았던 새로운 신비함들을 영원토록 탐구하게 될 것이다.

　꼭 기억하자. 우리가 부활의 몸 즉 영생의 몸을 가진다고 해도 여전히 피조물이고 하나님은 창조주라는 사실에 변함이 없다는 것을. 천국에서도 우린 영원토록 하나님의 깊으심과 오묘하심을 계속 배워 나갈 것이다. 마치 우주선이 끝없이 광대한 우주를 탐사해 나가듯이 우리도 영원을 두고 하나님의 깊고 깊은 사랑과 아름다움, 그분의 신비를 찾아갈 것이다. 이것이 우리에게 영원한 기쁨이 될 것이다.

이것을 다음과 같은 비유로 이해해 보자.

현재까지 발견한 우주의 크기는 실로 어마어마하다. 우리 지구가 속한 은하계 안에는 약 5-6천억 개의 별(항성)들이 있다. 그런 크기의 은하계가 약 5천억 개 정도가 있다. 이것도 관측이 가능한 범위 내에서 말한 것인데 아직 관측이 가능한 것보다 불가능한 우주가 더 많고 크다는 사실이다. 한마디로 우주는 측정 불가능 상태라고 볼 수 있다. 앞으로 더 미세하고 발전된 망원경이나 기계가 나온다면 더 넓고 먼 우주를 볼 수 있을 것이다. 과학이 발전하는 것만큼 우주의 크기는 점점 더 커져만 간다.

이런 우주를 하나님은 '그의 손가락'으로 지으셨다. 그리고 하나 하나에게 이름을 주셨다. 시편 147편 4절을 보라.

> 그가 별들의 수효를 세시고 그것들을 다 이름대로 부르시는도다(시 147:4).

> 주의 손가락으로 만드신 주의 하늘과 주께서 베풀어 두신 달과 별들을 내가 보오니(시 8:3).

이 광활한 우주를 온 몸을 쓰시면서 지으신 게 아니라 손만 움직이셨다고 성경은 기록하고 있다. 아마 온 몸까지 움직이시면서 천지를 만드셨다면 인간은 감당할 수 없었을 것이다. 이렇게 큰 우주를 만드신 분이 하나님이신데 도대체 하나님은 얼마나 크신 분일까 상상이 안 된다.

> 깊도다 하나님의 지혜와 지식의 부요함이여, 그의 판단은 헤아리지 못할 것이며 그의 길은 찾지 못할 것이로다(롬 11:33).

하나님의 지식과 지혜의 풍성함은 너무 깊어서 측량이 불가능하다고 바울은 선언하고 있다. 천국에 이르러서도 이 사실은 변하지 않는다. 이렇게 크고 크신 삼위 하나님의 이 깊고 깊은 지혜와 지식의 세계를 우리는 배워 나가고 탐구해 나갈 것이다. 그것도 영원토록! 영원을 가도 그 깊이를 다 알기는 불가능할 것이다.

하나님을 뵙고 예배를 드리는 것이 얼마나 흥분되는 일인지 부분적이긴 하지만 성경은 말하고 있다.

> 내가 또 들으니 하늘 위에와 땅 위에와 땅 아래와 바다 위

> 에와 또 그 가운데 모든 피조물이 이르되 보좌에 앉으신 이
> 와 어린양에게 찬송과 존귀와 영광과 권능을 세세토록 돌
> 릴지어다 하니 … 네 생물이 이르되 아멘 하고 장로들은 엎
> 드려 경배하더라(계 5:13-14).

요한계시록 5장 11절에 보면 둘러선 천사들이 죽임당하신 어린양을 찬양하는데 그 수가 만만이요 천천이라고 했으니 1억 명의 천사들이 어린양 예수님을 찬양하고 있다. 지구촌에서 이런 합창단을 본 적이 있는가! 1억이 소리 높여 찬양을 드린다면 아마도 지구가 울릴 것이라 본다. 하나님의 영광 앞에 압도당하고 엎드려 경배하는 그 표현할 수 없는 기쁨의 행위가 예배인 것이다.

> 이 일 후에 내가 보니 각 나라와 족속과 백성과 방언에서
> 아무도 능히 셀 수 없는 큰 무리가 나와 흰 옷을 입고 손에
> 종려 가지를 들고 보좌 앞과 어린양 앞에 서서 큰 소리로
> 외쳐 이르되 구원하심이 보좌에 앉으신 우리 하나님과 어
> 린양에게 있도다 하니 모든 천사가 보좌와 장로들과 네 생
> 물의 주위에 서 있다가 보좌 앞에 엎드려 얼굴을 대고 하나
> 님께 경배하여 이르되 아멘 찬송과 영광과 지혜와 감사와

> 존귀와 권능과 힘이 우리 하나님께 세세토록 있을지어다 아멘 하더라(계 7:9-12).

천국에 올라온 수없이 많은 무리들은 각 나라와 족속과 백성과 방언에서 온 자들인데 어린양과 보좌에 앉으신 하나님께 큰 소리로 얼굴을 땅에 대고 지고한 행복감으로 경배를 드리고 있다. 우리도 그렇게 예배를 드리게 될 것이다.

우리는 가끔씩 예배를 드릴 때나 홀로 산책을 하며 묵상할 때 하나님의 깊고 압도하는 임재를 경험한다. 그런데 그 강력했던 임재는 언제나 잠시 있다가 사라진다. 오래 지속된 적은 단 한 번도 없다. 나에게도 그런 경험들이 자주 있었다. 예배 중에 하나님을 찬양하는데 얼마나 감격스럽고 벅찬지 정말 세상과 나는 간 곳이 없고 오직 주님과 하나된 그런 상태였다. 그리고 그냥 그 상태로 영원히 정지됐으면 얼마나 좋을까 생각했다.

아마도 천국의 예배는 이럴 것이라고 믿는다. 나는 이것을 천국에서의 예배의 지극히 일부를 맛본 것이라고 믿는다. 천국에서는 이런 황홀한 임재의 기쁨을 하나님을 직접 뵈면서 영원토록 누리게 될 것이다.

그러면 천국에서는 하루 24시간 늘 예배만 드릴까? 그

대답은 예스(Yes) 그리고 노(No)다. 좁은 의미의 예배로 봤을 때는 노다. 우리가 교회에서 드리는 형식의 예배를 날마다 드리지는 않는다. 그런 종류의 예배는 지상에서만 허락된 것이다. 그러나 넓은 의미의 예배의 관점에서 보면 예스다. 현재 이 땅에서도 우리는 하나님의 자녀로 그리스도의 왕 되신 주권을 삶의 모든 영역에서 인정하며 영광을 돌리고 사는 예배의 삶을 살고 있다. 이것이 진정한 예배자의 모습이다. 교회 안에서만 드러나는 예배자는 부분적이다. 그 예배자가 삶의 현장에서 정말로 하나님의 주권을 인정하고 영광 돌리는 삶을 살고 있는지가 진정한 예배자를 평가하는 기준이다.

마찬가지로 천국에서도 그리스도 예수 우리 주와 함께 영원토록 통치에 참여하면서 하나님을 다양하고 복합적인 형태로 예배하게 될 것이다. 또 모여서 예배하기도 할 것이다. 그러나 대부분은 새 하늘과 새 땅에서 이루어지는 삶의 모든 영역에서 예배를 드리게 될 것이다. 묵도나 사도신경으로 시작하는 그런 예배 말고 신령과 진정의 삶으로 모든 영역에서 드려지는 예배 말이다.

새 하늘과 새 땅에서는 교회라는 게 없다. 그러니 교회 예배는 더욱 있을 수 없다. 요한계시록 21장 22절에 "성

안에서 내가 성전을 보지 못하였으니 이는 주 하나님 곧 전능하신 이와 및 어린양이 그 성전이심이라" 했다. 천국에서는 하나님과 어린양이 참 성전으로 계시기에 더 이상의 그림자인 건물 성전이 필요하지 않은 것이다.

내가 확신하기는 천국에도 성도들의 일상이 존재한다는 것이다. 먹고 다니고 일하고 통치하고 잔치하고 친교하는 등 일상의 많은 일들이 존재한다. 날마다 그리스도 예수의 발 앞에 얼굴을 묻고 예배를 드릴 수는 없지만 우리가 하는 모든 일들은 다 예배의 행위들이 되는 것이다. 삶 속에서 예수 그리스도와 함께 즐거움으로 가득차고 깨어지지 않을 친밀한 교제를 즐기게 될 것이다.

예배란 단순히 노래를 부르고 기도를 드리는 행위만이 아니다. 하나님은 당신의 자녀들이 여러 다양한 일들을 하기를 원하신다. 그리고 우리의 소원이 성취되기를 바라신다. 무슨 일을 하든지 하나님의 생각을 묻고, 하나님이 기뻐하시는 결정을 하고, 책을 읽거나 자전거를 타거나 여행을 다니거나 범사에 그를 인정하고 감사를 드리는 것, 이것이 예배의 삶이다.

내가 살았던 곳은 양평의 산 위였다. 새벽마다 눈을 뜨면 서재로 건너가기 위해 부엌의 문을 열고 밖으로 나온다. 눈앞에 펼쳐져 있는 산들과 자연은 떠 오르는 해를 담고 있고, 비라도 오는 날에는 그 아름다움은 절정에 달한다. 나는 두 팔을 들어 올리고 아주 자연스럽게 하나님의 솜씨와 위대하심에 압도당하고 마음에서는 찬양과 감사의 기도가 흘러나온다. 이런 것들은 인간이 가진 언어로 다 담아 낼 수 없는 감정들이다. 설명하기에는 오히려 역부족이다. 새벽마다 반복되었던 이런 행동은 곧 나의 예배였다. 무엇과도 바꿀 수 없는 소중한 시간이었다. 그러면서 나는 후일에 주실 새 땅에서 일어날 영광스러운 하나님과의 대면을 생각하고 우리 주 예수 그리스도와의 친교를 생각했다.

때론 아내와 밥을 먹으면서도, 차를 타고 가면서도, TV를 보면서도, 운동을 하면서도, 필요한 물건을 사면서도, 사람을 사랑할 수 있음에, 작은 사물을 바라보며, 내게 주신 자녀들을 생각하며 하나님의 선하심과 아름다우심을 감사하고 찬양했다.

나의 사고의 지평은 넓어지고 깊어져서 늘 영원한 나라의 친밀함으로 빠져들었고 가슴을 파고드는 시원한 바람에도, 촉촉히 내리는 빗줄기에도 하나님의 손길을 느낄 수가 있었다. 어두운 밤 홀로 밖에 나와 캄캄한 하늘에서 빛나는 별들을 보았다. 늘 보는 밤하늘이 언제나 같지 않았고 늘 새로웠다. 본능적으로 '오 아버지 하나님 어쩌면 이렇게 아름답고 근사하게 세상을 만드셨어요? 너무 멋있어요! 너무 위대해요! 사랑해요, 아버지!' 이런 고백이 터져 나왔다. 하나님의 임재가 언제나 나를 압도했다. 다윗이 산과 들에서 느꼈던 시편의 고백들을 이해했다.

천국에서의 예배는 강제성이 없는 자발적인 예배다. 독재자들은 자신들을 경배하라고, 박수를 열정적으로 치라고 강요한다. 그러나 우리 하나님은 우리를 예배하도록 만드셨기 때문에 아주 자연스럽고 자발적으로 기쁘게 하나님을 예배할 것이다. 이것보다 더 큰 희열과 행복은 천국에서는 존재하지 않는다. 하나님을 향한 예배가 지루하거나 억지로 할 수가 없는 곳이다. 아예 불가능하다. 천국의 예배가 지루할 것이라는 고정 관념을 빨리 버리고 성경이 말하는 천국의 예배로 돌아오라. 그리고 기대하라!

신랑 신부의 친밀함

성경을 보면 예수님은 우리를 '친구'라 부르시고 교회를 '신부'라 불렀다.

> 이제부터는 너희를 종이라 하지 아니하리니 종은 주인이 하는 것을 알지 못함이라 너희를 친구라 하였노니 내가 내 아버지께 들은 것을 다 너희에게 알게 하였음이라(요 15:15).

우리는 머지 않아 어린양의 혼인 잔치에 초대를 받을 것이다(계 19:7). 예수님의 재림은 하나님이 자기 백성을 구원하시는 것뿐만 아니라 신랑이신 예수 그리스도가 자기 신부를 구원하러 오는 것이다. 우리는 그 결혼 예식에 초대를 받는 것만 아니라 우리 자신이 신부로 예식을 올리게 되는 것이다. 그리고 우리가 입게 될 신부 드레스는 신랑을 기다리며 행했던 모든 의로운 일들로 만들어질 것이다.

> 그에게 빛나고 깨끗한 세마포 옷을 입도록 허락하셨으니 이 세마포 옷은 성도들의 옳은 행실이로다(계 19:8).

세마포는 린넨(linen)인데 보통 '마'로 불리운다. 신부가 결혼식 날 입을 옷은 아직도 제작 중이다. 예수님이 재림하셔서 우릴 새 땅으로 인도하실 때까지 신부 드레스는 완성되지 않을 것이다. 지금 우리가 드리는 모든 기도와 선행들이 재료가 돼서 옷을 만드는 중이다. 앞에서 말한 대로 부활의 날에는 우리 몸만 부활하는 게 아니라 주를 위해 행했던 모든 행위들이 다 부활하여 그것을 기준으로 상급을 받게 된다.

어려운 사람들을 도와주고, 봉사에 참여하고, 자신의 호주머니를 열어 필요한 사람들에게 나눠주고, 고아들을 후원하고, 노약자를 돌봐주며, 해외에 나가있는 선교사들과 현지인들을 기도와 재정으로 후원하며, 오가는 손님들을 집에 재워주며, 도움이 필요한 사람들을 위해 중보의 기도를 올려주고, 슬퍼하는 자들과 함께 울어주며, 마음을 위로해 주는 이런 모든 의로운 행실들이 우리가 입게 될 결혼 드레스의 재료가 된다는 것을 잊지 말자.

신랑과 신부의 관계 속에는 비밀스러운 친밀함이 있다. 이게 없이는 결혼 생활을 유지할 수 없다. 예수님과 우리는 천국에서 부부 관계처럼 살 것이다. 받은 사람만 아는 비밀들이 있고, 거룩한 하나됨의 친밀함으로 연합할 것이다. 이런 사랑의 관계에서 예배가 이루어진다. 이 땅에서의 부부 관계는 아무리 사이가 좋아도 한계가 있는 사랑이지만 천국에서 우리의 신랑이신 예수님과의 사랑은 영원한 사랑이고 표현할 수 없는 사랑이며 변할 수 없는 사랑이다. 그 사랑은 오히려 점점 더 풍성해질 것이며, 점점 더 깊어질 것이다.

천국에서의 예배의 삶을 이상하게 바라보지 말자! 지상에서 경험하였던 어두운 예배 경험들로 연결 짓지 말자! 천국에서의 모든 예배는 하나님을 사랑하고 우리 주 예수님을 사랑하는 행위다. 그 사랑이 천국의 환경이고 예배의 환경이다. 갑자기 찬송가의 가사가 생각이 나서 여기 옮겨본다.

구주를 생각만 해도 내 맘이 좋거든
주 얼굴 뵈올 때에야 얼마나 좋으랴

만민의 구주 예수여 귀하신 이름은
천지에 온갖 이름중 비할데 없도다

예수의 넓은 사랑을 어찌 다 말하랴
그 사랑받은 사람만 그 사랑 알도다

사랑의 구주 예수여 내 기쁨 되시고
이제와 또한 영원히 영광이 되소서 아멘

Chapter 16

예수님과 함께 다스릴 그 나라

하늘에서 내려오는 새 예루살렘

앞에서 다룬 것처럼 성경은 천국을 "도시(city)" 그리고 "나라(country)"라고 부른다. 요한계시록 21장과 22장 두 장에서만 하나님과 그의 백성들이 모여서 함께 사는 곳인 '도시'라는 말이 무려 15번이나 등장한다. 우린 어려서부터 하도 '거룩한 성 예루살렘'이라는 말을 듣고 자라서 그런지 '거룩한 성'을 도시로 생각해 본 적이 없다.

조선 시대를 생각해 보면 한양이라는 도시가 사대문(동대문, 서대문, 남대문, 북대문) 안에 둘러쌓여 있었다. 그러니 '도시'라는 말의 번역보다는 '성'이라고 번역하는 게 자연스러웠을 것이다. 그러나 단어를 어떤 것을 선택하든지 변하지 않는 사실은 거기는 사람들이 모여 사는 곳이고,

많은 건물과 문화가 존재하는 곳이라는 것이다.

그리고 수백 년이 흘렀지만 지금도 우리는 서대문이나 동대문이라는 이름을 그대로 사용하고 있고 사람들이 드나들던 그 문들이 보존되어 있다. 도시라는 이름은 물리적으로 실재 존재하는 장소를 가리키는 말이다. 상징적으로 혹은 형이상학적으로 표시한 단어가 아니다. 서울이라는 도시가 어디 형이상학적 도시인가? 아니다. 지금 우리 눈앞에 있는 실재하는 도시다.

그렇다면 하늘에서 내려오는 새 예루살렘은 그저 상징적인 건물인가? 결코 그럴 수 없다.

> 또 내가 보매 거룩한 성 새 예루살렘이 하나님께로부터 하늘에서 내려오니(계 21:2).
> I saw the Holy City, New Jerusalem, coming down out of heaven from God.

사도 요한은 새 예루살렘을 '거룩한 도시'라고 불렀다. 나는 만물이 새롭게 되어 새 하늘과 새 땅이 열리는 날 하늘에서 내려온 거룩한 도시 새 예루살렘이 천국의 중심 수도가 되리라 믿는다. 왜냐하면 거기에 하나님의 보좌가 있기 때문이다. 어느 나라나 그 나라 대통령의 집무처가 있는 곳이 수도이듯이 하나님의 보좌가 있는 곳이 중심지가 되는 것은 너무나 당연한 이치다.

나는 여기서 새 예루살렘을 문자적으로 해석하면 안 되고 상징적으로 해석해야 한다고 주장하는 사람들과 다투고 싶지 않다. 그러나 성경을 해석하는 사람들은 성경을 지나치게 상징적이고 영적으로만 보려는 위험에서 벗어나야 한다. 이 부분은 잠시 후에 다시 다루기로 하고 거룩한 도시 새 예루살렘에 대한 이야기를 마무리하자.

일단 새 예루살렘의 크기는 사방 정사면체인데 한 면이 무려 2,200km(12,000스타디온)나 된다. 쉽게 이해하자면 한 도시 면의 길이가 미국 전체 국토의 2/3나 된다는 것이다. 사면이 길이가 다 같으니까 어마어마한 도시의 크기다. 크기로 말하면 영국보다 40배가 크고, 런던보다 만 오천 배가 크다. 독일이나 프랑스보다 10배는 크다. 또 성벽의 두께는 무려 65m에 달한다.

이것은 바닥 면적만 계산한 것이고 높이를 계산하면 상상이 안 될 정도로 방대하다. 위로 2,200km니까 한 층의 높이를 4m를 잡으면 무려 600,000 층이나 된다. 상상이 안 되는 높이의 도시다. 거기에 아주 넓게 거주할 수 있는 사람의 숫자는 수십억 명이 넘는다. 물론 새 땅은 지금의 지구보다 훨씬 더 클 수도 있다는 것을 나는 인정한다.

문제는 높이다. 하늘로 무려 2,200km나 올라가면 대기권을 뚫고 올라가야 하는데 산소 문제나 중력의 문제는 어떻게 하나? 또 건물의 무게를 지탱해 줄 힘은 있을까? 등등의 이슈를 제기할 수 있다. 그러나 새 하늘과 새 땅은 지금 우리가 생각하고 있는 그런 문제들이 존재하지 않는다. 설령 그런 문제가 있다 하더라도 완전하시고 전능하신 하나님이 그 정도를 해결하실 수 없겠는가? 걱정할 필요가 없는 문제들이다.

12개의 문들

거룩한 도시에는 각 방향마다 문들이 세 개씩 있다. 동서남북으로 각각 문이 세 개씩 있는 것이다. 그리고 그 문마다 천사들이 있고 각 문들마다 이스라엘 열두 지파의 이름이 새겨져 있다. 열두 문은 진주로 되어 있고 도시 안의 길은 유리 같은 정금으로 되어 있다.

많은 신학자들이나 목회자들은 이 성경을 상징이나 알

레고리로 해석한다. 문자적으로 해석하면 안 된다고 주장한다. 그러면 나는 되묻고 싶다. 문자적으로 해석을 하면 어떤 문제가 발생하고 또 그것이 하나님에게 욕을 끼치는 것인지 알고 싶다. 만일 이 거룩한 도시를 상징으로 보여주실 것이면 무엇 때문에 이렇게 자세하게 도시의 크기와 구조 그리고 재료 등을 설명했을까?

다 양보하고 생각하더라도 이 도시가 상징적이라면 해석도 다 주관적으로 자기가 원하는 해석을 할 것이다. 하나님의 보좌로부터 흘러나와서 흐르는 강 좌우에 늘어선 생명나무들은 예수님을 상징하고 강물은 성령을 상징한다고 말한다. 그러면 에덴동산에 있던 생명나무도 예수님을 말하는 건가?

요한계시록 21장 17절을 유심히 보자.

> 그 성곽을 측량하매 백사십사 규빗이니 사람의 측량 곧 천사의 측량이라(계 21:17).

'사람의 측량'이라고 못 박아 말했다. 이 말을 쉽게 풀이하면 '천사들도 사람이 측량하는 똑같은 방법으로 측량했다'는 뜻이다. 이 측량이 영적이고 상징적인 숫자일 수도 있다. 성경에는 상징적이면서도 실재적인 뜻을 가진 것들이 나오기도 한다. 예를 들면, 성막 안에 있던 언약궤나 대제사장의 흉패와 보석들 이런 것들은 실재적이면서도 상징적인 뜻들을 가지고 있다.

그러면 새 예루살렘이 실재하는 게 아니고 상징적인 크기라고 주장한다면, 하늘에서 내려온 거룩한 도시도 그냥 상징이라고 봐야 하지 않을까? 그건 큰 실수다. 왜냐하면 성경 전반에 걸쳐 현재의 천국은 새 땅(미래 천국)으로 내려와 예수 그리스도와 함께 왕 노릇한다고 했기 때문이다. 거룩한 도시인 새 예루살렘이 상징이면 우리가 몸의 구속을 받고 부활의 몸을 입고, 동시에 모든 피조물들이 함께 구속을 받아 하나님의 계획을 다 회복할 때 어디에서 우리 모두는 살아가게 되나?

사람의 측량이라고 한 것은 실재적으로 이 땅에서 사람들이 건물을 측량할 때 쓰는 방식이기에 거룩한 도시 새 예루살렘도 실재적인 건물 도시로 이 땅에 설 것을 보여주신 것이다. 나는 거룩한 도시 새 예루살렘이 상징이라고 보지 않는다. 이 건물은 도시보다 수천 배나 더 크고 광대한 건물이라고 믿는다. 그 안에 생명수의 강이 흐르고 달마다 열두 가지 열매를 맺는 생명나무들이 강 좌우에 늘어서 있다. 사실 가장 중요한 생명나무만 보여 준거지 그 외에 다른 나무들과 열매들도 많을 것이다. 무엇보다 그 안에는 하나님의 영광스러운 보좌가 있다.

성경에 나오는 것들을 다 상징적인 것으로 해석한다면 모든 게 주관적인 해석이 될 수밖에 없다. 다 자기가 믿고 싶은 대로, 원하는 데로 해석할 수 있다. 코에 걸면 코걸이고 귀에 걸면 귀걸이인 식이다. 교회 안에 파고 들어온 플라톤 철학의 영향은 매우 심각한 영향을 신학에 미쳤다. 물질 세계는 다 악하게 보고 오직 영적인 것들만 선하다고 본 것이다.

그래서 천국은 물질 세계여서는 안 되는 것이고 그저 영적인 세계여야만 했다. 그 결과 성경이 말하는 천국의 실체를 외면하게 됐다. 성경이 말하는 바 천국은 부활의 실재적인 몸을 가진 성도들이 사는 곳이다. 부활의 몸(Bodily resurrection)을 가진 모든 성도들은 새 땅(New Earth)에서 살게 된다. 만일 우리가 부활의 물리적인 몸을 가지고 살지 않는다면 천국도 물리적인 장소일 필요가 없고 뭘 먹을 필요도 없고 예수님과 민족들을 심판하고 통치할 필요가 없어진다. 유령들만 모여서 무슨 세상을 통치하고 하나님의 구속 계획을 완수한다는 말인가!

새 예루살렘에서 흐르는 강은 하나님의 은혜로 해석하고, 생명나무는 그리스도 예수가 되고, 새 예루살렘의 두꺼운 성벽은 안전의 상징이 된다. 아니면 반대로 강은 예수 그리스도가 되고, 생명나무는 하나님의 은혜가 된다. 이렇게 되면 앞에서 말한 것처럼 실체는 하나도 남지 않는다. 화려하고 영광스럽고 빛과 위엄으로 가득 찬 거룩한 하나님의 도시 새 예루살렘은 그저 신기루요 환상에 불과할 뿐이다.

성경의 이곳저곳을 둘러보고 성경의 문맥을 바로 이해하기를 힘쓰라! 그리고 하나님이 주시려는 본래의 그 원대하고 아름답고 거룩한 계획에 눈을 떠라! 우리의 그럴듯한 이성주의에 목을 메고 억지로 짜맞추려하거나 어려운 구절들이니 손대지 말라고 하는 식으로 회피하여 하나님이 우리에게 보이신 이 놀랍고 영광스러운 구속의 마스터플랜을 스쳐 지나가지 않기를 바란다.

하늘에서 내려오는 거룩한 성(도시) 새 예루살렘은 정말로 크다. 상상할 수 없는 정도로 크다. 성경을 그대로 믿어서 손해 날 일이 없다. 새 예루살렘을 문자적으로 그대로 믿는다고 하여 이단이 되거나 하나님을 모욕하거나 아니면 내 신앙의 수준이 땅으로 떨어지지 않는다. 득이 되면 득이 될지언정 해가 되지 않는다. 나는 개인적으로 모든 것을 비유나 상징으로 보는 것보다는 문자적으로 믿는 것이 훨씬 더 유익하고 알맹이가 있다고 믿는다. 다시 말하지만 결코 손해 볼 일은 단 하나도 없다.

Chapter 17

거룩한 도시는 어떤 모습일까?

주인이 이르되 잘하였다 착한 종이여 네가 지극히 작은 것에 충성하였으니 열 고을 권세를 차지하라 하고 그 둘째가 와서 이르되 주인이여 당신의 한 므나로 다섯 므나를 만들었나이다 주인이 그에게도 이르되 너도 다섯 고을을 차지하라 하고(눅 19:17-19).

    예수님은 만물이 새롭게 되어 부활의 몸을 입은 성도들이 새 땅에서 예수님과 함께 통치에 참여할 때 충성스러운 종들에게 열 도시를 맡기고 다섯 도시를 맡겨서 다스리게 한다고 하셨다. 이 말씀을 근거로 하여 추론해 보면 궁극적 천국인 새 땅에는 거룩한 도시 새 예루살렘 말고도 많은 도시가 존재한다는 것을 알 수 있다.

    당연하지 않을까? 지난 6천 년 동안 현재의 천국에 간 성도들의 수가 얼마나 많겠는가! 그들이 다 부활의 몸을 입고 공동체를 이루고 하나님의 영광 속에서 그 빛을 쪼이며 살고, 사랑의 교제와 그리스도와 함께하는 통치, 사랑의 잔치, 거룩한 예배 등 이루 헤아릴 수 없이 많은 일상을 살아갈 공간이 많이 필요할 것이 틀림없다. 어마어마한 크기의 새 예루살렘 도시를 품고도 남을 훨씬 큰 새 땅에 많은 도시들에서 성도들이 살아갈 것이다.

그렇지만 천국의 수도격인 새 예루살렘과는 비교할 수 없을 것이다. 거기는 "하나님의 영광이 있어 그 성의 빛이 지극히 귀한 보석 같고 벽옥과 수정 같이 맑고"(계 21:11), "성벽은 벽옥으로 쌓였고 성은 유리 같이 맑은 정금"(계 21:18)으로 되어 있다. 난 유리 같이 맑은 금은 본적이 없고 들어 본 적도 없다. 여러분들은 이런 금을 본 적이 있는가? 아마도 이 지구상에는 없는 금일 것이다. 더욱이 이 성(도시)의 기초 돌은 모두 각색 보석으로 되어 있다. 동서남북으로 각기 세 개의 문들이 있는데 문들은 모두 진주로 되어 있으니 문의 크기를 상상해 보았을 때 진주의 크기는 엄청나게 클 것이다. 하나님께 이런 일들이 뭐 그리 어렵고 큰 일일까!

이토록 귀하고 비싸고 화려한 보석들로 도시를 만들고 꾸미신 이유는 단 하나라고 본다. 그것은 하나님의 아름다움과 영광을 드러내기 위함이다. 천국에서는 보석을 탐할 수 없다. 더 많이 가지려고 정욕의 노예가 되지 않는다. 죄와 저주가 사라진 곳에 탐욕은 존재할 수 없다. 다만 우리는 이 땅(옛 땅)에 있을 때 보석들의 가치를 잘 알고 있었다. 그리고 아무나 쉽게 살 수 없는 것도 잘 알고 있다. 금과 다이아몬드 흑진주 등은 매우 고가의 보석들이었다.

천국에 온 성도들은 단 한 사람도 예외 없이 이 보석들이 얼마나 비싸고 귀한 것인지, 얼마나 화려한지를 과거의 경험을 통하여 다 알고 있다. 그래서 찬란한 새 예루살렘 도시를 보면서 오직 우리 하나님 아버지의 놀라운 은혜와 아름다우심, 부요와 지혜, 거룩과 인자, 자비와 긍휼을 찬양하게 될 수밖에 없는 것이다.

사실 지금 우리가 이 땅에서 참다운 신앙의 여정을 걸어가려면 이것을 맛보아야 한다. 하나님의 부요하심과 지혜, 인자와 자비, 긍휼과 아름다움 등을 지금 여기서 충분히 경험해야 한다. 완전하진 않아도 얼마든지 그것을 알 수 있고 맛볼 수가 있다.

우리에게 너무나 익숙한 찬송가의 가사를 묵상해 보자.

> 내 주 하나님 넓고 큰 은혜는 저 큰 바다보다 깊다
> 너 곧 닻줄을 끌러 깊은 데로 저 한 가운데 가보라
> (4절) 자 곧 가거라 이제 곧 가거라 저 큰 은혜 바다 향해
> 자 곧 네 노를 저어 깊은 데로 가라 망망한 바다로

그런데 4절을 영어 가사로 보면 뜻이 좀 더 선명해진다.

> Let us be lost in the mercy of God, Till the depths of His fulness we know.

번역을 하자면 "하나님의 자비 안에서 우리 자신을 잃어버리게 하소서, 하나님의 충만함의 깊이를 알게 될 때까지"다. 얼마나 멋진 가사인가! 하나님의 자비 안에서 우리 자신은 사라지게 해 주소서! 우리가 하나님께 완전히 빠져들게 해 주소서! 우리가 하나님의 충만함의 깊이를 경험하고 알 때까지 우리 자신은 사라지게 해 주소서!

이 찬송가의 작사자는 하나님과의 깊은 영적 교제와 그분의 무한한 사랑을 경험하고자 하는 갈망을 그대로 표현한 것이다. 우리말 번역은 "자 곧 네 노를 저의 깊은 데로 가라 망망한 바다로" 했는데 원문의 내용과는 거리감이 있다. 그러나 전하고자 하는 의미는 1절부터 충분히 전달이 됐다고 본다.

하나님의 넓고 큰 은혜는 바다보다 크고 깊다는 것, 그러니 그 깊은 은혜의 하나님께 빠져보는 경험을 가지자는 것. 이 찬송 하나만 바르게 이해하고 불러도 천국의 아름다움과 영광의 깊이를 맛볼 수 있을 것이다.

길 사이로 흐르는 강

> 또 그가 수정 같이 맑은 생명수의 강을 내게 보이니 하나님과 및 어린양의 보좌로부터 나와서 길 가운데로 흐르더라 강 좌우에 생명나무가 있어 열두 가지 열매를 맺되 달마다 그 열매를 맺고 그 나무 잎사귀들은 만국을 치료하기 위하여 있더라(계 22:1-2).

거룩한 도시 새 예루살렘 안에는 하나님과 어린양의 보좌로부터 흘러나오는 생명수의 강이 있다. 이 강은 길 가운데로 흐르고 있다. 이 길의 길이가 얼마나 될지 모르지만 아마도 계속 이어지는 길일 것이다. 그래서 보좌로부터 시작된 생명수의 강은 도시 구석구석을 흐르면 전 도시로 이어져 흐를 것이다. 그렇다면 이 도시는 전체가 하나의 거대한 공원이라고 볼 수도 있다. 성 안에 사는 사람들은 동네마다 흘러가는 생명수 강 좌우에 늘어서 있는 생명나무의 풍성한 열매들을 원 없이 언제든지 따먹을 수 있다. 그것도 한 가지 맛이 아니라 열두 가지 맛을 볼 수 있다. 매월 과실이 열리니 모자람이 없을 것이다.

상상만 해도 흥분되고 미소가 번진다. 얼마나 아름다운 우리를 향한 하나님의 사랑인가! 시편 36편 7-8절에도 우리를 향한 하나님의 마음이 그대로 나타난다.

> 하나님이여 주의 인자하심이 어찌 그리 보배로우신지요 사람들이 주의 날개 그늘 아래 피하나이다. 그들이 주의 집에 있는 살진 것으로 풍족할 것이라 주께서 주의 복락의 강물을 마시게 하시리이다.

죄가 들어오기 전 에덴동산에도 동산 중앙에 생명나무가 있었다. 아담과 하와가 따먹고 생명으로 충만한 영생의 삶을 살도록 주신 과일이었다. 그러나 죄악의 불순종으로 생명으로 충만하여 영생을 살아야 할 몸이 병이 들고 동산에서 쫓겨나게 됐다.

선악과를 따먹고 죄의 눈이 열렸는데 생명나무 열매까지 먹으면 죄를 가진 채로 영생을 살까 봐 하나님은 에덴에서 그들을 내어쫓고 그룹 천사들과 불칼로 입구를 막아버렸다. 성경은 이 사실을 명확하게 전해준다.

> 여호와 하나님이 이르시되 보라 이 사람이 선악을 아는 일에 우리 중 하나 같이 되었으니 그가 그의 손을 들어 생명나무 열매도 따먹고 영생할까 하노라 하시고(창 3:22).

아담이 불순종만 하지 않았다면 생명나무 열매를 수시로 먹으면서 영생을 사는 에너지와 복을 누렸을 것이다. 이 사실을 보면 하나님은 원래 아담과 하와에게 또 그들을 통해서 태어날 모든 인간들이 생명나무 열매를 계속 먹어 영생의 복을 누리게 하실 계획이 있었던 것이 분명하다.

죄의 불순종으로 생명나무 열매를 먹어 영생하는 계획은 잠시 보류됐지만 다시 새 하늘과 새 땅을 만드신 후 부활한 성도들이 거룩한 성 새 예루살렘에서 살게 될 때 생명나무 열매를 먹으면서 영생의 충만한 삶을 살도록 다시 회복하실 것이다.

부활의 몸을 가졌는데, 꼭 생명나무 열매를 먹을 필요가 있냐고 물을 수 있다. 그럼 이미 말한 대로 에덴동산의 아담은 영생의 몸으로 지음을 받았는데 왜 그 과일을 먹어야 했느냐고 물어야 한다. 하나님은 우리를 영생의 몸으로 만들었어도 여전히 생명력으로 충만한 육체의 필요를 아시고 준비해 놓으셨다는 것을 알아야 한다. 왜냐하면 부활의 몸은 유령이 아니고 실재하는 물리적인 몸이기 때문이다. 다만 죄가 없고 저주가 사라져서 썩지 않고 죽지 않는 아주 영광스러운 몸이다. 몸을 가지고 있다면 먹는 일은 너무나 자연스러운 일이다. 생명나무의 열매를 먹음으로 부활의 몸은 더욱 하나님의 영광 아래서 생명으로 충만한 영생의 몸을 유지하게 될 것이다.

요한계시록 22장 1-2절의 천국 새 예루살렘 모습은 에스겔 47장 7-12절의 말씀과 정확하게 일치한다.

> 강 좌우 가에는 각종 먹을 과실나무가 자라서 그 잎이 시들지 아니하며 열매가 끊이지 아니하고 달마다 새 열매를 맺으리니 그 물이 성소를 통하여 나옴이라 그 열매는 먹을 만하고 그 잎사귀는 약 재료가 되리라(겔 47:12).

천국의 자연은 어떨까?

우리가 지금 이 땅에서 보고 누리는 아름다운 산과 계곡, 폭포와 기암 절벽, 나무들과 꽃들, 산맥들과 강들은 얼마나 멋진 지 모른다. 때론 인간의 단어로는 완벽하게 표현해 내지 못할 때도 있다. 하나님의 솜씨가 죄로 타락한 이 세상에서도 이리 아름다운데 천국에서의 자연은 얼마나 더 황홀하고 멋있을까!

  나이아가라 폭포보다 환상적인 폭포도 있을 것이고, 요한이 높은 산에 올라서 하늘에서 내려오는 새 예루살렘을 보았듯이 웅장하고 아름다운 산들도 있을 것이고, 꿈 속에서나 볼 수 있었던 투명한 물들이 소리 내어 흐르는 계곡들도 있을 것이고, 여러가지 형형색색의 나무들로 가득 찬 깊은 숲들도 있을 것이다.

  각종 새들의 노래 소리와 동물들의 조화가 어우러지는 자연 환경들이 펼쳐질 것이다. 모든 게 선하고 아름다우며 완벽한 조화를 이루는 세상일 것이다. 지금 여기서처럼 위험하거나 생명의 위협을 느끼는 자연은 어디에도 존재할 수 없다. 만물을 새롭게 하신 천국의 새 땅은 지진도, 홍수도, 폭풍도, 화산의 폭발도, 자연 재해도 존재할 수 없다. 추측건데 우리는 이 모든 환경 속에서 위대하시고 거룩하신 우리 아버지 하나님을 영원토록 감사하며 기쁨으로 노래할 것이다. 영원을 노래하고 감사해도 전혀 지루하지 않을 것이다. 그저 영혼에서부터 우러나오는 가슴 벅찬 찬미의 제사만 있을 뿐 억지로, 강요에 의해서 사는 일은 절대로 존재하지 않을 것이다.

천국에서 시간과 공간은 존재할까?

한번 잘 생각해 보자! 우리는 언젠가 때가 되면 죽었다가 부활의 몸을 다시 입게 될 것이다. 옛날 몸이 다시 살아나는 것을 부활이라고 한다. 다른 사람의 몸을 입고 다시 살아나는 게 아니다. 내가 죽기 전에 가졌던 그 몸이 다시 살아나는 것이다. 이것을 이해하는 것은 천국을 이해하는데 큰 도움이 된다.

그렇다면 피조물들이 새로워져서 다시 부활할 때 사람과 같지 않겠는가? 과거에 그 자연과 우주가 다시 새로워지는 것이다. 물론 더 완전하고 아름답고 영광으로 찬란한 우주가 될 것은 분명하다. 그래서 성경은 새 땅과 새 하늘이라고 말하는 것이다. 우리가 전혀 모르고 경험하지 못했던 자연계가 나타나는 게 아니다. 사람의 몸이 그 몸으로 부활하듯이 모든 피조 세계도 과거의 모습에서 새로운 모습으로 부활하는 것이다. 이게 구속의 핵심 교리다.

이제 성경 구절들을 보면서 이해를 돕도록 해보자!

태초에 하나님은 천지를 창조하셨다(창 1:1). 천지라는 말은 이 땅과 우주를 창조하셨다는 뜻이다. 이사야 65장 17절을 보면 "보라 내가 새 하늘과 새 땅을 창조하나니"라고 하시면서 태초에 창조하신 온 우주를 다시 새롭게 재생시킨다고 말씀하시는 것이다. 그리고는 요한계시록 21장 1-2절에 가면 "또 내가 새 하늘과 새 땅을 본 처음 하늘과 처음 땅이 없어졌고 바다도 다시 있지 않더라 또 내가 보매 거룩한 성 새 예루살렘이 하나님께로부터 하늘에서 내려오니 그 준비한 것이 신부가 남편을 위하여 단장한 것 같더라"고 하면서 하나님의 구속 계획의 완성을 알리고 있다. 지금 모든 성도들은 이 땅에서 베드로 사도의 고백을 같은 마음으로 하면서 나그네 길을 걷고 있는 중이다.

> 우리는 그의 약속대로 의가 있는 곳인 새 하늘과 새 땅을 바라보도다(벧후 3:13).

성경이 말하는 땅의 심판은 땅을 우주에서 없애 버린다는 뜻이 아니다. 오해하지 말라. 땅의 심판은 땅 위에 있는 모든 것들을 심판하신다는 뜻이다. 훗날 이 땅은 핵전쟁과 자연계의 격변으로 인해 파괴될 것이다. 사람이 살 수 없는 오염된 세상으로 바뀔 것이다. 바다도, 물도, 공기도, 땅도 다 오염되어서 생명체가 살기에 부적합한 세상이 될 것을 성경은 예언하고 있다.

동시에 하나님은 이 오염된 세상을 다시 새롭게 하여 부활한 성도들이 살기에 완벽한 세상으로 바꾸어 놓으실 것이다. 그래서 베드로 사도는 "그의 약속대로"라고 말한 것이다. 하나님이 새 하늘과 새 땅을 만들어 주신다는 그 약속대로 그걸 믿고 산다고 고백한 것이다. 만물을 새롭게 하는 것은 하나님의 약속이다. 새 하늘과 새 땅을 주시는 것은 하나님의 약속이다. 온 피조 세계를 원래의 위치로 회복하는 것은 하나님의 약속이다. 우리 몸을 다시는 병들지 않고 죽지 않는 몸으로 바꾸어 주시는 것은 하나님의 약속이다.

이야기가 약간 주제에서 벗어났지만 다시 천국에서도 시간과 공간의 개념이 있을까라는 주제로 돌아가보자. 만일 창세기 1:1에서 창조하신 하늘과 땅을 다시 새롭게 하여 새 하늘과 새 땅을 우리에게 주신다면 시간과 공간은 그대로 존재한다고 믿는 게 자연스러운 것이다.

> 이기는 자와 끝까지 내 일을 지키는 그에게 만국을 다스리는 권세를 주리니…내가 또 그에게 새벽 별을 주리라(계 2:26-28).

이 말씀은 초대 일곱 교회 중 두아디라 교회에 주신 말씀이다. 이기는 자들에게 약속하신 상급이 나오는데 "새벽 별"을 주신다고 했다. 새벽 별(Morning star)은 우리가 아는 '금성(Venus)'를 말한다. 지금 우리 은하계에 존재하는 별이다. 어떤 사람들은 '새벽 별'도 상징이고 실재가 아니라고 주장하는데 아주 위험한 발상이다. 예수님이 우리에게 어떤 의미를 전달하시려고 상징적인 비유를 말하셨다면 왜 굳이 금성을 선택했을까? 다른 이해하기 쉬운 상징도 많은데 말이다.

다시 생각해 보자. 만물을 새롭게 하시고 새 하늘과 새 땅을 주실 때는 지금 우리가 보고 누리는 이 우주가 다 부활한다는 것은 구속 신학의 핵심이다. 지구가 속한 은하계만 아니라 우리 은하계 밖에 있는 모든 우주를 다 포함하여 구속을 받고 부활하는 것이다. 그러므로 이기는 자에게 주시는 상급인 '금성'은 문자 그대로 금성이다. 지금은 죄로 인한 오염이 온 행성들에게 보이지만 새 하늘과 새 땅에서는 죄와 저주가 다 사라졌기 때문에 금성은 매우 아름다운 낙원이 될 수도 있지 않을까? 예수님이 쓸모도 없는 금성을 상급으로 주실 리 없다. 상으로 주시는 건데 아무거나 막 주나? 결코 그렇지 않다. 따라서 추측해 보건데 상으로 받을 금성은 매우 가치가 있고 아름다우며 낙원 같은 곳일 가능성이 높다. 그래야 상급이 된다. 이건 그저 상식적인 선에서 생각할 수 있는 문제다.

우리가 부활의 몸을 가졌기 때문에 공간(space and time) 속에 살게 되는 것은 자명한 일이다. 우리가 유령도 아닌데 허공에 떠돌아다니나? 그럴 수는 없다. 어떤 이상한 학자들은 천국에서는 우리가 백 군데 혹은 천 군데 도시에 동시에 나타날 수 있는 존재가 된다고 말한다. 아니면 한 번에 수천 수만가지 다양한 일들을 동시에 할 수 있다고 말한다.

나는 그것을 동의할 수 없다. 그것은 무한한 창조주 하나님만이 할 수 있는 영역이다. 비록 우리가 부활의 몸을 입는다 해도 우린 여전히 피조물이다. 우리가 천사처럼 된다고 해서 피조물의 위치를 벗어나는 게 아니다. 피조물은 무한한(infinite) 존재가 아니다. 천국에서조차 무한하신 분은 단 한 분 하나님뿐이시다.

천국에서 우리는 하나님과 함께 있는 시간과 장소를 갖게 될 것이다.

천국에 시간도 흐른다고?

천국에도 시간이 존재한다는 성경 구절들을 소개해 보겠다. 나는 이미 피조 세계의 회복이 이미 시간과 공간을 포함하고 있다는 이야기를 했다. 그러나 여기에 몇 구절들을 소개함으로 더 명확히 하고자 한다.

> 그러므로 그들이 하나님의 보좌 앞에 있고 또 그의 성전에서 **밤낮**(day and night) 하나님을 섬기매 보좌에 앉으신 이가 그들 위에 장막을 치시리니(계 7:15).

큰 환난 가운데서 순교하고 인내한 성도들이 천국에서 하나님을 경배하고 있는 모습이다. 그들은 밤낮으로 하나님을 섬기고 있다. '밤낮'이라 함은 시간이 존재한다는 말이다.

> 생명나무가 있어 열두 가지 열매를 맺되 달마다 그 열매를

> 맺고(계 22:2).

거룩한 도시 새 예루살렘 천국에 달마다 열매를 맺는 생명나무가 있다. 매월 생명나무의 열매들이 열리고 있다. 천국에는 분명히 시간이 존재하고 있다. 더 결정적인 구절은 이사야 66장에 나온다.

> 내가 지을 새 하늘과 새 땅이 내 앞에 항상 있는 것 같이 너희 자손과 너희 이름이 항상 있으리라 여호와의 말이니라 여호와가 말하노라 매월 초하루와 매 안식일에 모든 혈육이 내 앞에 나아와 예배하리라(사 66:22-23).

새 하늘과 새 땅에서 하나님의 백성들은 매월 초하루와 안식일에 하나님을 예배한다고 한다. 매월도 시간이고 초하루도 안식일도 우리가 지금 사용하는 시간과 다르지 않다. 초하루나 안식일은 달과 태양이 필요하지 않나? 이견이 있는가? 더 흥미로운 사실을 보자

> 그들이 새 노래를 불러 이르되 두루마리를 가지시고 그 인봉을 떼기에 합당하시도다 일찍이 죽임을 당하사 각 족속

> 과 방언과 백성과 나라 가운데에서 사람들을 피로 사서 하나님께 드리시고 그들로 우리 하나님 앞에서 나라와 제사장들을 삼으셨으니 그들이 땅에서 왕 노릇 하리로다 하더라 내가 또 보고 들으니 보좌와 생물들과 장로들을 둘러 선 많은 천사의 음성이 있으니 그 수가 만만이요 천천이라 큰 음성으로 이르되 죽임을 당하신 어린양은 능력과 부와 지혜와 힘과 존귀와 영광과 찬송을 받으시기에 합당하도다 하더라(계 5:9-12).

현재 천국의 성도들이 보좌에 앉으신 하나님과 죽임 당하신 어린양 예수께 새 노래로 찬양을 드리고 있다. 노래에는 박자가 있다. 박자는 시간 개념이다. 느리게 빠르게 아주 바르게 이런 부호들은 전부 시간과 관계가 있는 것들이다. 음악은 도입부가 있고 중간이 있으며 결론이 있다. 시간이 없는 음악은 존재하지 않는다. 그러므로 천국에는 분명히 시간이 존재한다.

> 다섯째 인을 떼실 때에 내가 보니 하나님의 말씀과 그들이 가진 증거로 말미암아 죽임을 당한 영혼들이 제단 아래에 있어 큰 소리로 불러 이르되 거룩하고 참되신 대주재여 땅

에 거하는 자들을 심판하여 우리 피를 갚아 주지 아니하시기를 어느 때까지 하시려 하나이까 하니(계 6:9-10).

순교를 당하여 현재 천국에 가 있는 성도들이 하나님께 언제 우리의 원한을 풀어 주시겠냐고 탄원을 하고 있다. "언제(when)"냐고 묻고 있다. 시간을 묻고 있는 것이다. 그랬더니 하나님은 "각각 그들에게 흰 두루마기를 주시며 이르시되 아직 잠시 동안 쉬되 그들의 동무 종들과 형제들도 자기처럼 죽임을 당하여 그 수가 차기까지 하라 하시더라"(계 6:11)고 대답해 주셨다. 명확하게 천국에도 시간이 존재하고 있음을 보여준 것이다.

일곱째 인을 떼실 때에 하늘이 반 시간쯤 고요하더니(계 8:1).

이것보다 더 선명한 말씀이 또 어디 있을까? 일곱째 인을 뗄 때에 하늘이 30분 가량 침묵을 했다. 혼동하지 말아야 할 것은 천국에서 우리는 유한한 존재로 영원을 사는 존재라는 것을. 무한하신 분은 오직 한 분이시고 그 외는 모든 게 다 유한한 존재들이다. 부활의 몸을 입었다고 해도 이 사실을 변하지 않는다. 그러므로 천국에서 우리가 시간 밖에 산다는 논리는 비성경적이고 위험한 발상이다. 시간 안에도 계시고 시간 밖에도 계실 수 있는 분은 오직 한 분밖에 없다.

시간(Time)을 부정적으로 보려는 경향이 있다. 시간이 흐르면 병이 들고, 늙고, 죽는다는 사실을 모두가 경험적으로 안다. 그래서 인간은 늙지 않고 젊음을 가진채 오랫동안 살고 싶어서 유전자 연구에 힘을 쏟고 있다. 시간이 흐르는 것을 붙잡아 두려는 노력은 눈물겨울 정도다. 시간은 끝은 인생의 끝이고 종말이다. 그래서 사람들은 시간을 부정적으로 인식한다.

죄가 이 세상에 들어오기 전에 이미 시간은 있었다. "저녁이 되고 아침이 되니" 태양은 떠오르고 지는 일을 반복했다. 달이 차고 기우는 것도 하나님의 작품이었다. 최초의 아담과 하와도 시간 속에 살았다. 인류 역사상 시간 밖에 살았던 사람은 없다. 시간은 하나님의 계획 속에 있었고 우리에게 주신 소중한 선물이다. 결코 부정적인 게 아니다.

하나님만이 시간과 공간을 과거에서 현재 미래로 자유롭게 다닐 수 있는 분이다. 우리는 과거를 기억하고 미래를 소망하면서 현재만을 살 수 있을 뿐이다. 물고기가 물을 더나 살 수 없듯이 부활의 성도들 역시 시간과 공간 안에 살게 된다. 시간은 우리가 살아가는 환경이다. 시간은 죄와 저주가 이 세상에 들어오기 전부터 있었다. 시간이 죄의 결과라고 생각하면 큰 오해다.

시간이 문제가 아니고 죽음이 문제고, 시간이 우리의 원수가 아니라 죄가 우리의 원수다. 시간은 선한 것이다. 천국에 시간이 있다는 게 왜 이상하고 문제가 되는지 모를 일이다. 시간이 흘러도 우리에게 해가 될 수 없다. 우리는 시간을 다 써버리지 않을 것이다. 시간은 손실이 아닌 이득을 가져올 것이다. 시간은 반드시 끝나야 하는 것에 대한 상실감 없이 새로운 모험을 가져다 줄 것이다.

영생(sternal life)이라는 말도 시간이 영원히 지속되는 것을 의미한다. 우리는 더 이상 시간의 노예가 되지도 않고, 시간이 흘러서 죽을 염려도 없다. 사랑하는 사람들과 다음에 또 만나자고 약속하며 헤어질 때 피차 간에 병들지 않고 죽지 않을 것을 알기에 서운해하거나 불안해하지 않는다.

내가 믿기는 시간이 흐를수록 하나님의 솜씨들을 더욱 탐구하고 즐기며 성도들과의 복되고 영광스러운 교제가 깊어져 갈 것이다.

Chapter 18
천국에 관한 다양한 질문들

1. 천국에서 나는 어떤 사람일까?

　누가복음 16장의 부자와 거지 나사로의 이야기를 보면 천국에서도 예수님은 이 땅에서 가지고 있던 이름을 불러주셨다. 마태복음 8장 11절에 보면 "또 너희에게 이르노니 동 서로부터 많은 사람이 이르러 아브라함과 이삭과 야곱과 함께 천국에 앉으려니와"라고 하시면서 이 땅에서 사용하던 이름을 그대로 불러주셨다.

　이름은 그 사람의 정체성을 나타낸다. 이름을 아무 의미도 없이 짓진 않는다. 이름 안에 소망을 넣고 미래를 넣어 지어준다. 이름으로 놀림을 받았다면 천국에서는 그런 일은 없을 것이다. 나는 천국에서도 여전히 '박원철'일 것이다. 천국은 이름도 없이 사는 그런 곳이 아니다.

변화산 상에 예수님과 함께 있었던 모세와 엘리야를 보라. 천국에서 잠시 허락을 받고 이 세상을 방문하여 예수님의 죽음과 승천을 의논하고 돌아갔다. 모세와 엘리야는 그들이 이 땅에 살아 있을 때 그 모습 그대로였고 옷도 그대로였고 이름도 그대로였다. 알아볼 수 있는 그때 그 사람들이었다. 거룩과 영광의 옷을 입었을 뿐 다른 것은 없었다.

아브라함의 식탁에 둘러 앉아 먹고 마시며 즐겁게 이야기하고 웃고 행복한 교제를 이루게 될 것이다. 이런 모든 것들은 천국의 개인적인 일상들이다. 물론 우린 전체적으로 하나님을 예배하고 또 경배도 할 것이다. 동시에 개인적인 시간들과 일상들을 영위해 나가다는 것을 알 수 있다.

지금 우리의 육체에 드리워진 암덩어리들, 여러 가지 질병들, 속임수와 거짓말, 정욕과 무능함 등은 우리의 진짜 모습이 아니다. 이건 다 죄의 바이러스들이 우리 삶을 파괴한 결과들일 뿐이다. 이런 것들은 일시적인 현상들이다. 새 땅에서 부활의 몸을 입는 날 이 모든 것들이 다 벗겨져 나간다. 우리의 가장 위대한 의사이신 예수님은 이 모든 질병의 근원을 다 도려낼 것이다. 그리고 비로소 하나님이 창조하신 원래의 모습으로 돌아간 자신을 보게 될 것이다.

내가 확실히 믿기는 부활의 날에 단순히 육체만 새 몸으로 회복되는 게 아니라 각자의 기억, 인격, 특징, 은사, 열정, 선호도, 취미 같은 것들이 죄와 저주에 의해 더럽혀지지 않은 상태로 다 같이 회복되고, 증폭되어 하나님께 영광을 돌리는 도구들로 사용될 것을 믿는다.

부활의 나를 맛보기?

독자들은 자신에 대해 매우 기분이 좋았던 때를 기억하는가? 교만이나 자랑을 말하는 게 아니다. 우리가 예수님처럼 충성스럽고 겸손하며 종의 자세로 하나님께 영광을 돌리고, 필요한 사람들을 도왔을 때 자신에 대해 느꼈던 기분 좋은 감정을 말하는 것이다. 우리가 남을 격려해 주었던 때를 기억하는가? 당신이 본래 의도된 존재를 경험했을 때? 달리기, 수영, 혹은 일을 할 때 영원토록 지속해도 지치지 않을 것 같은 느낌을 받았을 때가 있었는가? 그랬다면 아마도 천국에서의 나를 아주 부분적으로 맛본 것일 수 있다.

천사가 된다?

우리가 부활을 하면 천사가 된다? 결코 그럴 리가 없다. 천국에서도 천사는 천사고 우리는 우리일 뿐이다. 천사와 같이 한 공간에 살기는 해도 성도들이 천사가 되진 않는다. 아기들이 죽으면 천국에서 천사가 된다는 설도 있는데 그런 이야기는 다 낭설이고 성경의 지지가 없는 말들이다.

천사는 구원얻을 후사들 즉 성도들을 위해 하나님을 수종드는 존재들이다. 지금은 인간보다 우월한 존재들이다. 우리가 어려서부터 눈으로 볼 수 없었지만 보호해 주고 응답을 가져다주는 등 많은 일들을 함께해 온 존재들이다. 특히 영적인 전쟁에 참여하여 적극적인 역할을 한 것도 천사들이다. 성경에는 천사들의 이야기가 많이 나온다. 그 많은 이야기들은 다 인간과 동역한 이야기들이다.

분명히 천국에서는 천사들과 같이 살 것이다. 가브리엘 천사는 거기서도 가브리엘이고 미가엘은 미가엘이다. 부활한 성도는 하나님의 존귀한 자녀다. 인간은 유일하게 하나님의 형상을 닮아 창조되었고 하나님의 구속 계획을 성취하기 위해 선택받은 존재들이다. 하나님의 나라를 운영하고 충만하게 번성시켜야 하는 지대한 명령을 받은 책임자들이다. 그래서 우리는 천사들에게 부탁을 하거나 기도를 하지 않는다. 그것은 천사 숭배에 지나지 않는다. 기도는 오직 하나님께만 드려야 하고 천지를 주관하시는 하나님만이 우리의 간구에 응답하신다. 하나님만이 우리를 제일 잘 아시고 그 다음이 천사들일 것이다. 어쩌면 천국에서 우릴 수호했던 천사들의 이야기를 직접 듣게 될지도 모른다.

2. 천국에서도 감정이 있을까?

성경에는 하나님의 속성이 많이 나온다. 어떤 부분은 의인화가 돼서 나타나기도 한다. 그러나 분명한 점은 인간은 하나님의 형상을 닮게 만들어졌다는 점이다. 인간에게 있는 여러 가지 감정들은 하나님께로부터 온 것이다. 비록 죄로 인해 왜곡되고 뒤틀어져서 감정의 사용이 잘못되었지만 감정 자체가 악한 것은 아니다.

하나님은 화를 내셨다. 기뻐하기도 하시고, 울기도 하시고, 웃기도 하시고, 사랑하시고, 기쁨을 느끼시고, 질투도 하신다. 이것을 모두 하나님을 단지 의인화했다고 보는 것은 무리가 있다. 하나님이 인격이시라면 당연히 감정이 있어야 한다. 감정이 없는 것은 기계이고 사물일 뿐이다. 하나님이 가지신 감정들이 우리에게 나누어졌다. 문제는 죄가 들어오면서 감정들이 왜곡됐다는 것이다. 그러나 천국에서는 이 모든 감정들이 하나님의 영광과 우리 자신의 유익을 위해 사용될 것을 나는 알고 있다.

요한계시록 7장 9절을 보라. "각 나라와 백성과 족속들 가운데서 올라온 많은 무리들이 흰 옷을 입고 손에 종려 가지를 들고 보좌 앞에서 큰 소리로" 외치며 찬양을 하고 있다. 우리가 예배 가운데 찬양을 드릴 때 큰 소리로 찬양을 할 때가 있다. 주님을 향한 감정이 고양되면 소리가 올라가고 손을 들고 힘있게 전심으로 찬양을 드리게 된다. 큰 소리는 감정의 표현이다. 열정의 표현이다. 하나님을 향한 고백의 감정 표현이다.

한 가지 확실한 것은 감정이 다 있겠지만 슬픔의 감정, 상한 감정은 절대로 존재하지 않을 것이라는 점이다. 죄와 저주가 다 사라졌기 때문이다.

3. 천국에서도 소원이나 갈망이 있을까?

이것은 매우 흥미로운 부분이다. 결론부터 말하자면

예스(yes)다. 천국에도 갈망이 있다. 몸의 부활이 육체만 살아나는 게 아니라는 것은 이미 여러 차례 밝힌바 있다. 그 사람 그 인격체가 다 살아나는 것이다. 천국은 놀고 먹고 쉬는 공간이 아니다. 새 하늘과 새 땅은 하나님의 보좌가 영원히 우리와 함께하는 곳이다. 거기서 우리는 천국의 일상을 살게 된다. 하나님을 예배하는 황홀한 기쁨과, 예수님과 같이 통치에 참여하는 영광, 사랑하는 사람들과의 교제, 은혜의 식탁과 잔치들, 맡겨진 도시들을 다스리는 일들, 수없이 많은 일상이 돌아가는 곳이다.

성경에 나오는 모든 위대한 인물들은 다 하나님을 향한 열망으로 가득 찬 사람들이었다. 다윗의 시편은 대표적인 것들이다. "사슴이 시냇물을 찾아 갈급 함같이 내영혼이 주를 찾기에 갈급합니다", "이 땅에 주밖에 나의 사모할 자가 없나이다", "여호와를 기뻐하라 저가 네 마음의 소원을 이루어 주시리라." 이 외에도 수없이 많은 고백들이 성경에 가득 차 있다. 하나님은 이런 열망과 소원을 기뻐하셨다. 그런 자들을 가까이해 주셨고 은총을 부어 주셨다.

지상에서의 하나님을 향한 이런 소원들이 천국에서 왜 끝나야 하는가? 아니다. 그런 소원으로 일생을 살았던 믿음의 사람들은 천국에서도 여전히 그런 거룩한 열망을 품고 하나님을 바랄 것이고 또 발전해 갈 것이다. 그것은 의심의 여지가 없다.

우리의 열망조차도 구속을 받게 될 것이다. 그래서 더욱 하나님을 사랑하고 갈망하고 기뻐하고 즐기는 삶이 이어질 것이다. 우리의 열망은 거룩한 소원으로 바뀔 것이다. 때 묻지 않고 오염되지도 않은 수정 같이 맑은 소원과 열정을 가지고 우리의 영원하신 하나님을 찬송하며 영광을 돌릴 것이다.

악기를 다루는 자는 각종 악기를 가지고 소원하는 대로 하나님을 높여 드릴 것임을 의심하지 않는다. 미술을 하는 자는 아름다운 색상과 표현으로 하나님의 선하심을 드러낼 것이다. 다양한 은사를 가진 사람들마다 소원을 가지고 하나님께로 나아가 표현하고 발전시킬 것이다. 더 나은 예배를 위하여(이 말은 예배를 드리는 본인 자신의 입장에서 하는 말이다. 더 영광을 돌리고 싶고, 더 귀한 예배를 드리고 싶은 소원이 있기 때문이다).

천국은 우리의 소원이 끊임없이 성취되고 또 성취되는 기쁨을 맛보는 곳이다. 불교는 인간 속에 있는 욕심을 제거함으로 도의 경지에 이른다고 가르친다. 반대로 기독교는 새 땅에서 우리 안에 있는 열망들이, 소원들이 구속

받아 거룩해지고 완성돼야 한다고 가르친다.

바울은 이 땅에서 경건의 연습을 부지런히 하라고 가르친다. 이유가 있기 때문이다. 누구든지 이 땅에서 주님을 섬기기 위해 훈련하고 다듬었던 경건의 훈련들은 천국(새 땅)에서도 이어져 가기 때문이다. 그 특성과 소원들은 없어지고 단절되지 않는다. 그렇게 훈련된 사람들은 천국에서 더 거룩한 소원으로 하나님을 갈망하게 되고 탐구해 나가게 될 것이다.

4. 부활의 몸은 다 아름다울까?

부활의 몸은 앞에서 말한 것처럼 죄와 저주에서 해방되었기에 하나님이 본래 계획하셨던 상태의 몸으로 변화될 것이고 원래의 아름다움으로 구속을 받게 될 것이다. 사실대로 말하자면 에덴동산에 있었던 아담이나 하와보다 훨씬 더 영광스럽고 아름다운 몸을 가지게 될 것이다.

성경에 보면 천국에서 각 나라에서 온 성도들이 하나님을 찬양하고 있다. 그들의 피부색이 달라지지 않았다. 천국에 오면 모두 백인이 되거나 황인종이 되는 게 아니다. 우리가 이 땅에 있을 때 가졌던 그 피부색 그대로 그 특징 그대로를 가지게 된다. 키도 다 똑같아진다고 보지 않는다. 각각에게 주셨던 그 특징들을 그대로 가지고 살아가게 되는데 거기서 주의 깊게 볼 부분이 있다.

이 땅에서는 각 문화마다 아름다움이나 건강의 기준이 달라서 단 한마디로 정의하기가 어렵다. 그러나 천국에서 우리는 모두 멋지고 잘 생긴 모습을 가질 것이다. 내가 말하는 잘 생기고 멋지다는 말은 여기서처럼 운동을 통해서 다듬어진 근육질의 몸매를 말하는 것도 아니고 화장을 잘해서 빛나는 얼굴을 말하는 것도 아니다. 어쩌면 천국에서는 화장을 할 필요가 전혀 없을지도 모른다(아니 나는 천국에는 화장을 하지 않는다고 믿는다).

우리가 가지게 될 부활의 몸은 어디 하나 손 댈 데가 없는 가장 자연스러운 건강하고 멋진 몸일 것이다. 살이 찔 염려나 갈비씨가 될 염려가 전혀 필요하지 않은 몸이고, 죄와 저주가 빠져나간 상태에서는 하나님이 본래 의도하신 건강한 몸으로, 자연스럽게 빛이 나는 몸으로, 각 개인의 특성들을 그대로 살려 하나님께 영광을 돌리는 몸을 가지게 될 것이다. 재미난 이야기를 하나 더 하자면 화장품은 전혀 필요없고 탱탱하고 윤기 나며 빛이 나는 피부를 가지게 될 것이다. 사실 우리가 젊을 때에 화장품을 바르지 않아도 건강미가 넘쳐나던 때가 있지 않은가? 어쩌면 그것이 천국에서의 모습을 아주 부분적으로 보여주는 것은 아니었을까?

죄 없는 인간의 내면에서 흘러나오는 아름다움을 생각해 보라! 열등감도, 불안함도, 교만함도 없는 그런 아름다움이 밖으로 흘러나올 것이다. 누구에게 자신을 숨기려 하거나 자랑하려 하지도 않을 것이다. 다른 사람들에게 아름답게 보이려고 노력을 할 필요도 없다. 부활한 우리의 몸은 그냥 아름다울 것이다. 거기에 영광의 후광을 덧입어서.

그 자연스러운 아름다움의 모습들을 서로 바라보면서 우리는 하나님의 은총을 노래하게 될 것이다. 하나님의 걸작품은 서로를 보면서 그분의 위대하심을 소리 높여 찬양할 것이다. 아멘! 영원토록!

5. 천국에 오감은 있을까?

하나님은 인간을 만드실 때 오감을 주셨다. 듣고, 보고, 냄새 맡고, 만지고, 맛을 보는 오감은 하나님의 선물이었다. 비록 죄로 인해 오감이 정상적으로 작동하지 않는 것은 사실이지만 여전히 이 결핍이 생긴 오감을 가지고 우리는 하나님을 찬양하는 일에 쓰고 있다.

예를 들어, 보자. 우리는 하나님의 말씀을 듣고 찬양을 듣고 아름다운 소리를 들음으로 하나님께 감사한다. 하나님의 솜씨로 창조된 세계를 보고, 사람들과 사물들을 보면서 하나님을 찬양한다. 꽃 냄새, 풀 냄새, 나무 냄새, 사람 냄새를 맡으면서 하나님의 창조 솜씨를 노래한다. 우리는 하나님의 선하심을 맛보아 알기에 감사하고 경배한다.

오감으로 죄를 짓기도 많이 하지만 반대로 하나님께 무한한 감사를 올릴 수도 있다. 죄가 빠진 오감은 천국에서도 빛을 발할 것이라고 믿는다. 지금 이 세상에서도 고장난 오감을 가지고도 이렇게 멋지게 하나님을 높이고 섬기는 일에 쓰임을 받는데 완전한 새 땅에서는 얼마나 더 크게 활용이 되겠는가를 상상해 보라!

예수님은 부활하시고 난 후에 제자들과 대화를 하셨고, 생선도 드시고, 생선 굽는 냄새도 맡으셨다. 예수님은 우리의 모델이시다. 우리 부활의 몸도 그와 같을 것이다. 다윗은 시편 139편 14절에서 다음과 같이 고백한다.

> 내가 주께 감사하옴은 나를 지으심이 심히 기묘하심이라 주께서 하시는 일이 기이함을 내 영혼이 잘 아나이다(시 139:14).

다윗은 하나님이 만든 자기 자신을 보면서 놀라움으로 고백하고 있다. 영어로는 "나는 놀랍고 경이로운 방식으로 창조되었습니다"(I am fearfully and wonderfully made, NIV)라고 번역되었다. 그러면 천국에서는 부활의 몸을 가지고 얼마나 더 찬양을 드릴 수 있을까? 이 땅에서도 자신의 모습을 보며 하나님의 기묘하신 창조를 찬양했는데 부활로 완전해진 몸으로 우리는 하나님을 백 배나 천 배나 더 찬양할 수 있을 것이다.

그러나 솔직히 말하면 천국에서는 이 오감 말고도 하나님이 더 주실 수도 있다. 우리가 전에는 알지 못했고 알 수도 없었던 그런 감각들을 더해 주실 수 있다고 믿는다.

6. 천국(새 땅)에서도 먹고 마시며 살까?

성경에는 '잔치(feast)'라는 단어가 무려 187번이나 나온다. 먹는 것과 관련된 단어만 천 번 이상 나온다. 성경 구절 두 개만 소개를 하겠다.

> 만군의 여호와께서 이 산에서 만민을 위하여 기름진 것과 오래 저장하였던 포도주로 연회를 베푸시리니 곧 골수가 가득한 기름진 것과 오래 저장하였던 맑은 포도주로 하실 것이며(사 25:6).

> 내 아버지께서 나라를 내게 맡기신 것같이 나도 너희에게 맡겨 너희로 내 나라에 있어 내 상에서 먹고 마시며 또는 보좌에 앉아 이스라엘 열두 지파를 다스리게 하려 하노라(눅 22:29-30).

사랑하는 사람들끼리는 먹고 즐기는 일이 흔하다. 예수님도 제자들에게 그렇게 하셨다. 하나님도 잔치를 좋아하신다. 최상의 음식들로 잔칫상을 차려 놓기를 기뻐하신다. 나는 성경에서 하나님이 베푸시는 잔치가 초라한 것을 보지 못했다. 심지어는 가나의 혼인 잔치에서도 최상급의 포도주를 마지막까지 공급해 주시지 않았는가!

먹고 마시는 축제의 자리는 천국(새 땅)에서도 계속된다. 이미 말했듯이 하늘에서 새 땅으로 내려오는 거룩한 도시 새 예루살렘 안에는 보좌에서 흐르는 생명수의 강이 있다. 그리고 그 강은 길 가운데로 흐르면서 강 좌우에 생명나무들이 계속 늘어서 있고 한 달에 한 번씩 열두 가지 열매들을 맺어 사람들로 먹게 해 놓았다. 과일들이 있으면 주스도 있지 않을까? 와이낫(Why not)?

부활한 예수님이 음식을 잡수셨다. 그리고 말씀하시기를, "내가 이제부터 하나님의 나라가 임할 때까지 포도나무에서 난 것을 다시 마시지 아니하리라"(눅 22:18)고 하셨다. 그러니까 천국에 포도나무가 있고 포도주도 있다는 말이다.

요한계시록 19장 9절에서는 "어린양의 혼인 잔치에 청함을 받은 자들은 복이 있도다"고 하셨다. 중동 지역에서는 혼인 잔치가 일주일씩 지속된다. 나는 어린양의 혼인 잔치가 상징적이라고 보지 않는다. 잔치 자리라고 했으니 분명히 풍성한 음식들이 준비되었음이라 믿는다.

> 또 너희에게 이르노니 동 서로부터 많은 사람이 이르러 아브라함과 이삭과 야곱과 함께 천국에 앉으려니와(마 8:11).

이 구절의 헬라어 원문의 뜻은 아브라함과 이삭과 야

곱과 함께 잔칫상에 앉게 될 것이라는 말이다. 천국은 잔치 집과 같다. 먹고 마시는 게 죄가 아니고 흉잡을 일이 아니다. 다시 말하지만 우리가 부활한 몸을 가졌으니 몸의 만족과 즐거움을 위해 먹고 마시는 일은 너무나 자연스러운 일이다.

천국에서의 음식은 우리가 이 땅에서 맛보았던 것과는 비교도 할 수 없을 만큼 신선하고 맛있을 것이고 영양은 생명력으로 충만할 것이다. 나는 하나님이 천국에서 음식을 주실 때 우리의 만족과 기쁨을 위해 주신다고 믿는다. 그럴 이유가 아니면 굳이 음식을 준비하실 필요가 있을까?

배가 고프거나 목이 말라서 음식을 먹고 물을 마시지는 않을 것이다. 에덴동산에 죄가 들어오기 전에 아담과 하와는 음식을 먹었을까? 물론이다. 죄가 들어오기 전에도 그들은 음식을 먹었다. 배고픔도 있었을 것이고 목마름도 있었을 것이다. 배고픔과 목마름은 우리의 몸이 먹음으로 만족함을 얻을 수 있게 하신 하나님의 섭리라고 믿는다. 천국에서는 굶주림으로 죽는 일도 없고, 영양 부족으로 병이 생기지도 않는다. 또 탈수 현상으로 위험에 처할 일도 없다. 천국에서의 먹고 마심은 순전히 우리에게 만족을 주시고 생명을 더 풍성히 누리도록 하게 하시려는 하나님의 은총일 뿐이다.

나는 개인적으로 천국에서는 먹는 일이 없다는 것보다는 잔치가 있다는 것을 더 선택하고 싶다. 그게 왜 이상할까? 죄와 저주가 사라진 새 몸을 가지고, 새롭게 구속받은 땅에서 살게 될 텐데 먹고 마시는 일이 있다면 그것은 큰 기쁨과 만족이 되지 않을까?

지상에서는 맛있는 걸 많이 먹고 싶어도 소화기관의 문제와 몸의 한계로 즐기지를 못했는데 부활의 몸으로 영원히 살게 될 천국에서 생전에 맛보지도 못했던 신선하고 완전한 음식들을 먹고 청량 음료를 마시며 즐겁고 만족스럽게 살면서 하나님께 감사를 드린다면 얼마나 환상적일까? 죽지 않는 몸, 병들지 않는 몸을 가지고 있는데 우리가 먹든지 마시든지 무엇을 하든지 하나님의 영광을 위해 한다면 얼마나 좋은 일인가!

이사야 25장 6절의 말씀을 다시 읽어보라! 최고의 음식을 주시겠다고 약속하신 아버지의 사랑이 보일 것이다. 이 말씀을 읽고도 먹기를 거부하고 마시기를 거부하겠다면 할 수 없는 일이다. 나는 약속의 식탁에 앉아 하나님 아버지가 준비하신 오래 묵은 최상품 포도주와 음식들을 즐기며 행복을 누릴 테니까.

7. 천국에서의 일상

안식

하나님은 세상을 창조하시고 일곱째 날 안식하셨다. 그 날에는 사람도 짐승도 일을 쉬어야 했다. 땅도 매 칠 년마다 쉬게 했다. 이것은 천국에서의 안식을 보여주고 있다고 생각한다. 천국의 삶에는 안식을 포함할 것이다. 그 안식은 기쁨의 찬양과 편안한 교제가 될 것이다.

> 또 내가 들으니 하늘에서 음성이 나서 이르되 기록하라 지금 이후로 주 안에서 죽는 자들은 복이 있도다 하시매 성령이 이르시되 그러하다 그들이 수고를 그치고 쉬리니 이는 그들의 행한 일이 따름이라 하시더라(계 14:13).

주 안에서 죽는 자들은 안식에 들어간다. 그리고 그들의 수고를 따라 상이 주어진다. "그들의 행한 일이 따른다"는 말은 주를 위해 한 모든 일들에 대한 상이 뒤 따른다는 뜻이다. 그러니까 천국에서 누리는 안식은 그들이 수고한 것에 대한 보상과 함께 누리는 것이다.

안식의 참된 의미나 기쁨을 맛보려면 6일 동안 정말 열심히 일해야 한다. 고된 노동을 엿새 동안 열심히 하고 하루를 쉬는 사람은 안식의 기쁨을 누구보다 잘 안다. 그러나 노동도 하지 않고 쉬는 자들에게는 안식이 무슨 의미가 있겠는가? 6일을 열심히 일한 고단함을 풀어주는 안식일은 아무에게나 주어지는 선물이 아니다.

하나님은 이 세상에 죄가 들어오기 전에도 일곱째 날에 안식하셨다. 하나님은 죄를 짓기 전인 아담과 하와에게도 안식을 처방하셨다. 그리고 죄 아래 있는 자들에게도 안식을 명하셨다. 안식은 원래부터 하나님의 창조 계획이었다. 우리가 맞이할 천국은 정기적인 안식이 있을 것이다.

잠도 잘까?

이 주제는 조금 흥미롭기도 하고 논란이 될 수도 있지만 간단하게 살펴보자. 앞에서 살펴본 대로 새 땅(천국)에서 일하고 먹고 마시고 교제하고 안식하는 일이 있다면 잠을 자는 일도 가능하지 않을까? 천국에서는 잠을 자면 왜 안 된다고 생각들을 할까! 밤과 낮을 만드신 하나님이 잠을 주시고 인간의 몸을 쉬게 하고 회복하게 하는 것이라면 부활의 몸을 가진 우리가 잠을 잘 수 있다는 것이 크게 잘못된 일은 아니라고 본다.

잠은 하나님의 놀라운 선물이다. 천국에도 시간이 있고 밤과 낮이 있음을 살펴보았다. 밤과 낮이 있으면 잠이 있는 것도 당연하지 않을까? 죄가 없는 상태에서 안식을 누리며 잠을 자는 일은 참으로 만족스럽고 행복한 일이 아닐까!

천국에서도 서로 간에 사귐이 있을까?

하나님은 창조주이시니까 홀로 얼마든지 지내실 수 있다. 창조주가 무슨 외로움이 있겠는가! 그러나 역설적으로 하나님은 피조물이 필요하시다. 사랑을 주고 받을 대상이 그분께 필요하다. 그래서 이 땅에 인간을 창조하시고 피조 세계를 창조하신 것이다.

> 여호와 하나님이 이르시되 사람이 혼자 사는 것이 좋지 아니하니 내가 그를 위하여 돕는 배필을 지으리라 하시니라(창 2:18).

하나님은 아담이 홀로 있는 것이 좋지 않게 보셨다. 그래서 하와를 만들어 주었다. 하나님은 우리가 서로를 필요로 하도록 계획하셨다. 우리는 서로를 보면서 하나님을 더 보게 된다. 왜냐하면 우리 각자는 다 하나님의 형상으로 지음을 받았고 하나님을 드러내는 통로이기 때문이다.

요한 칼빈을 포함하여 많은 사람들이 천국에서는 우리가 하나님과만 대화를 하기 때문에 서로 간에 대화가 없다고 말한다. 천국의 수없이 많은 성도들이 전부 벙어리로 살아야 한다는 말인데 도대체 이런 발상은 어디서 왔는지 모르겠다.

하나님은 우리 아버지시다. 아버지는 자녀들이 모두 화목하고 사랑하며 행복하게 살기를 원하신다. 아담과 하와도 서로 대화하며 동역을 했을 것이다. 천국에서는 우리가 다 거대한 한 가족으로 살게 된다. 하나님을 한 아버지로 모시고 전 세계에서 구속받은 수없이 많은 성도들은 다 가족이 된다. 거기는 전쟁도 미움도 시기도 어떤 방해 요소가 없다. 그래서 자유롭게 충만한 기쁨으로 서로를 사랑하고 하나님을 즐기며 영광을 돌리는 곳이다. 하나님의 생명과 지혜의 기운은 온 땅을 덮을 것이고 우리는 그 기운을 느끼고 감사로 충만하여 하나님과 동행할 것이다.

아브라함의 식탁에 둘러 앉아 음식을 먹으며 잔치에 참여하는 사람들은 다 침묵하고 대화도 없을까? 그럼 음식은 어떻게 먹을 것이며, 잔치 집에 초청을 받았는데 이건 차라리 초상집이라고 해야 하지 않을까? 결코 그럴 수 없다. 아브라함과 이삭과 야곱과 함께 음식을 먹으며 그들이 살았던 시대에 하나님과 동행했던 아름다운 이야기들을 들려줄 것이다. 듣는 우리는 탄성을 지어내며 흥미진진하게 경청할 것이다. 결론적으로 그 잔치 자리는 우리를 오늘의 천국에 있게 하신 하나님을 찬양하는 것으로 마칠 것이다.

하나님을 오해하지 말자. 우리 하나님은 자비하시고 은혜가 많으시며 그분의 인자는 영원하다. 우리를 구속하여 원래의 자리로 돌려 놓으시려고 하나밖에 없는 아들을 이 세상에 대속의 제물로 주셨다. 그래서 우린 하나님과 화해를 하게 됐고 아버지와 아들의 관계로 회복을 했다.

하나님은 아들인 예수 그리스도 안에서 하늘에 속한 모든 신령한 복을 다 누리기를 바라신다. 이게 아버지의 마음이다. 나는 현재의 천국에 가 있는 나의 사랑하는 사람들과 다시 만날 날을 늘 기다리며 살고 있다. 내가 천국 문에 입성하는 날 제일 먼저는 내가 어려서부터 그토록 사랑했던 내 주님을 만나게 될 것이다. 미치도록 좋아서 그분 품에 안기게 될 것이다. 감사와 감격, 은혜와 승리를 주님께 고백하면서 무한한 희열을 느낄 것이다.

그리고 내 사랑하는 부모님, 형수, 경희, 조카, 나보다 먼저 죽은 명숙이 누나, 얼마 전에 천국으로 이사간 연숙이 누나, 북한에서 남하하여 오랜 세월 못 만나다가 극적으로 이산 가족 찾기를 통해 만나 예수 믿고 신학교까지 가서 먼저 천국으로 간 창준이 형, 교회 강대상에 늘 바카스를 한 병씩 올려 놓았던 외할머니, 나의 선배들, 동역자들 사랑했던 모든 이들을 만나게 될 것이다. 반갑게 얼싸안고 서로 축하하며 위로를 주고받을 것이다. 그리고 이 모든 일에 하나님의 은총을 노래할 것이다. 감사의 제사를 올려 드릴 것이다. 우리 주 예수님이 아니었으면 누릴 수 없는 천국의 삶을 무한히 감사하며 찬양을 드릴 것이다.

내가 믿기는 이 땅에서 신앙생활을 같이 했던 교회 식구들, 담임 목사님, 선교사님들 다 반갑게 만나게 될 것이다. 그리고 하나님이 하신 위대한 일들을 서로 나누게 될 것이다. 서로 간에 반가움으로 가득한 마음을 가지고 은혜의 소중함을 나눌 것이다.

천국은 행복한 곳, 잔칫집, 영광이 가득한 곳, 신선함과 새로움으로 가득한 곳이다. 무엇보다 우리 아버지 하나님의 보좌가 있고 거기에서 생명수 강이 흐르고 영생의 과실이 열리는 생명의 향연장이다. 하나님의 자녀로서 서로 간에 누리는 대화와 교제가 있는 것은 너무나 당연하다. 그것을 바라보시는 아버지의 마음은 너무나 흐뭇하실 것이다.

> 우리의 소망이나 기쁨이나 자랑의 면류관이 무엇이냐 그가 강림하실 때 우리 주 예수 앞에 너희가 아니냐 너희는 우리의 영광이요 기쁨이니라(살전 2:19-20).

바울 사도는 예수님이 재림하실 때 데살로니가 교인들과의 재회를 갈망하고 있다. 다시 만나게 될 데살로니가 교회 성도들은 바울에게 기쁨이고 자랑이고 상급이다. 바울은 자기가 사랑했던 성도들을 다시 기쁨 가운데 만나 천국에서 같이 살게 될 것을 알았다.

천국은 개인주의가 존재하지 않는 곳이다. 이 땅에서 같은 목표와 꿈을 가지고 하나님 나라를 위해 헌신하고 동역했던 성도들과 반드시 만나 영원토록 거룩한 예배와 교제를 나누고 사랑을 나누게 된다. 서로 무심히 바라보거나 모른 척할 수 없다. 그렇다면 거긴 천국이 아니다. 이 땅에서 작은 천국인 교회에서도 서로 봉사하고 사랑으로 섬겼는데 진짜 천국에서는 얼마나 더 사랑하고 서로 섬기며 살겠는가!

8. 기억이 다 사라진다?

성경은 우리가 이 땅에서 가졌던 기억들이 천국에서는 다 사라진다고 말하지 않는다. 만약 모든 기억들이 다 사라진다면 여러 가지 문제들이 생긴다.

첫째, 기억이 다 사라지면 천국에서 서로를 알아볼 수 없게 된다. 바울이 사랑했던 교인들을 못 알아볼 것이고, 하나님이 이 땅에서 베푸셨던 모든 은혜의 흔적들이 다 지워져 버릴 것이다. 우리도 천국에서 반갑게 만나야 할 사랑했던 가족들과 친구들 동역자들을 하나도 못 알아볼 것이다. 기억은 사라지지 않는다.

둘째, 기억이 다 사라진다면 상급도 없어야 한다. 하나님이 우리 눈에서 눈물을 씻겨 주시고 수고를 위로해 주시는데 무엇을 근거로 위로해 주시고 눈물을 닦아 주시나? 그것은 이 땅에서 겪었던 삶의 고통과, 주님 나라를 위해 당했던 고난과 헌신 등을 기억하여 위로하시고 상을 주시는 것이다. 그러면 그 상을 받고 위로를 받는 사람들은 과거에 자기들이 이 땅에서 겪었고 헌신했고 인내했던 모든 수고들을 다 기억하고 감사와 찬송을 주께 올려 드릴 것이다. 아무 기억이 없는데 왜 상을 받는지 감격과 감사가 생기겠는가!

하나님은 우리의 모든 것을 다 기억하시고 상을 주시고 벌도 주시는데 왜 우리는 천국에서 기억이 다 사라진다고 믿는가? 그러면 우리 삶의 모든 걸 기억하시는 하나님과 기억이 다 사라진 우리와 어떤 교감이 생길 것이며 기쁨과 감사의 교제가 생길 것인가? 그것은 불가능하다.

부활하신 예수님의 손에는 여전히 못 자국이 있었다. 제자들은 그 못 자국을 보았고 도마는 그곳에 손가락을 넣어보려 하였다. 우리가 천국에서 예수님의 손에 못 자국을 다시 보게 될 것이다. 그러면 기억이 없는데 그 못 자국이 나하고 무슨 상관이 있겠는가? 아니다. 우린 그 못 자국을 보면서 나 같은 죄인이 무조건적인 용서를 받아 구속을 받고 이 천국에 와 있게 됨을 깨닫고 무한한 감사로 찬양을 드릴 것이다. 할렐루야!

앞에서 이미 말했듯이 부자와 거지 나사로의 이야기도 그것을 증명하고 있다. 부자도 나사로도 지상에서의 삶을 기억하고 대화를 이어가고 있질 않은가!

셋째, 기억이 다 사라진다면 무엇을 근거로 우리 하나님과 어린양 예수를 찬송할 수 있을까! 우리가 이 세상을 살면서 예수님을 통해 구원을 받고 하늘의 시민권을 얻었으며 하나님과 다시 화목하게 되었다. 그리고 비록 넘어지고 쓰러지는 일도 있었지만 여전히 주님을 사랑하는 마음으로 열정적으로 제자의 길을 걸었다. 걸음걸음마다 은혜의 손길로 붙잡아 주셨다. 내가 구하는 것보다, 생각하는 것보다 더 풍성한 은총을 베풀어 주셨다. 그것도 일생 동안. 그런 은혜를 받을 가치나 자격이 전혀 없는 존재임에도 불구하고 언제나 변함없는 사랑으로 일생을 동행해 주셨다. 그래서 눈물로 그분의 발을 적신적이 얼마나 많았는지 모른다. 그런데 이 모든 기억들이 없어진다고 하면 그것이야말로 반성경적 사상이라고 말하고 싶다.

진리(truth)를 뜻하는 그리스어 '알레테이아'(aletheia)는

'잊다'로 번역되는 동사의 부정형이다. 그러니까 진리를 안다는 것은 잊는 것을 멈추는 것을 의미한다. 얼마나 멋진 단어인가? 나는 개인적으로 주님을 위하여 살았던 내 삶의 모든 순간들을 하나도 잊어버리고 싶지 않다. 비록 실패와 좌절, 불순종의 흔적과 극복, 눈물과 땀, 열정과 헌신, 사랑과 용서 이 모든 것들을 하나도 빼지 않고 고스란히 다 기억하고 싶다. 그래서 천국에서 주님이 내게 주시는 위로와 사랑, 용납과 은혜, 보상과 허락을 받고 싶다. 그리고 만일에 천국에도 기쁨의 눈물을 흘릴 수만 있다면(그럴 가능성은 얼마든지 있다) 나는 주님 발 앞에 엎드려 천 년이고 만 년이고 감사의 눈물을 쏟고 싶다. 지금 이 글을 쓰면서도 그 상상을 하니 눈물이 눈앞을 가린다.

물론 여러분들이 걱정하는 게 무엇인지도 안다. 쓴 기억까지, 비참했던 기억까지, 불순종의 기억하고 싶지 않았던 기억들을 다 기억한다면 천국에서 너무 괴롭지 않을까라는 생각, 천국에는 그런 씁쓸한 감정들이나 기억을 가지고 살면 안 되는 게 아닌가라고 생각할 것이다. 옳은 말이다.

천국에서 우리의 생각은 훨씬 더 깨끗해지고 또렷해질 것이다. 이미 부자와 거지 나사로의 이야기 속에서 어느 정도 힌트를 얻었다. 우리가 이 땅에 있을 때 가졌던 좋지 않은 기억들이 있을 것이다. 그러나 천국에서는 우리의 죄와 잘못의 모든 기록들을 깨끗이 지워준다. 그러나 생각에서 기억이 지워지지는 않는다. 그런 기억들이 있을지라도 이미 우리에게서 죄와 저주가 사라졌기 때문에 천국에서 누리는 은혜의 영광스러운 삶에 부정적인 영향을 전혀 미치지 않는다. 우리 마음은 하나님의 마음으로 바라보게 되고, 이 땅에서의 아픈 기억들은 더 이상 인간의 시각으로 바라보는 게 아니고 하나님의 눈으로 보기 때문에 아무런 영향을 주지 않는다.

불순종의 기억이 있다면 오히려 날 용납하신 그 은혜를 더욱 감사할 것이고 찬양할 수 있을 것이다. 내 요점은 그 좋지 않았던 기억들이 내게 영향을 주지 않는다는 말이고 오히려 은혜의 소중함을 더욱 깨달아 더 주님을 사랑하게 될 것이라는 말이다.

천국에서 결혼, 가족, 우정?

다시 말하지만 이 땅에서 가졌던 가족 관계, 우정이 천국에서 다 없어지지 않는다. 결코 그렇지 않다. 물론 천국에서는 결혼하고 성생활을 하지는 않는다. 아이를 생산하는 일은 더욱 없다. 성경은 그 사실을 매우 명확하게 말하고 있다. 그런데 가족 관계는 이어진다. 크게는 하나님을 우리 아버지로 모시고 우리 모두는 거대한 하나의 가족이 된다. 이 땅에서의 가족도 가족이고 친구들도 가족이고, 성도들도 다 가족이 된다. 예수님은 이미 누가복음 8장에서 이렇게 말씀하셨다.

> 예수의 어머니와 그 동생들이 왔으나 우리로 인하여 가까이 하지 못하니 어떤 이가 알리되 당신의 어머니와 동생들이 당신을 보려고 밖에 서 있나이다. 예수께서 대답하여 이르시되 내 어머니와 내 동생들은 곧 하나님의 말씀을 듣고 행하는 이 사람들이라(눅 8:19-21).

하나님의 말씀을 듣고 행하는 모든 사람들은 하나님의 가족이 된다. 예수님은 맏아들로, 우리는 그의 형제들로 거대한 가족이 되는 것이다. 혈연을 초월하는 가족이 된다. 그러나 이 땅에서 가졌던 소중한 가족들은 여전히 가족으로 남는다. 그러나 그 관계는 서로를 소유하거나 구속하는 그런 얽매이고 주장하는 관계가 아닐 것이다. 가족이면서도 하나님을 아버지로 모시고 사는 형제와 자매의 관계로 이어져 갈 것이다.

또 깨어진 가정에서 자란 사람들, 부모나 형제들과 삐뚤어진 관계를 가졌던 사람들은 천국에서는 누구도 서로 간에 고통을 주지 않는다. 우리의 모든 관계는 우리가 이 땅에서 그토록 사모했던 가장 완벽한 사랑의 조화를 이루게 될 것이다. 어떻게 그 일이 가능할까? 그것은 죄와 저주가 다 사라졌기 때문이다.

천국에서는 어디를 가든지 믿을 만하고 사랑이 넘치는 부모들 그리고 형제와 자매들이 있을 것이다. 또 이 땅에서 사귐을 가졌던 친구들도 천국에서 여전히 친구로 만나게 된다. 우리는 이런 비슷한 경험들을 이미 여기서 하고 있다.

나에게도 가까운 친구들이 있다. 오랜 세월 사귀면서 우린 형제처럼 가까워졌다. 한 부모 밑에서 나온 진짜 형제는 아닌데 혈연의 형제와 같이 끈끈하고 서로를 믿으며 사랑한다. 같은 믿음으로 주님을 섬기며 하늘나라의 꿈을 실현해 가는 친구들이다. 같이 자고, 먹고, 웃으며 마음속의 이야기들을 허물 없이 들어주고 나누는 사이들이다.

나는 천국에서도 이와 같은 관계로 갈 것이라 믿는다.

지상에서 나와 내 친구는 혈연은 아니었지만 정말 형제로 여겨졌고 형제와 같았다. 천국에서도 나와 내 친구는 여전히 친구일 것이다. 그러나 더 끈끈하고 깊이 발전하고 있는 형제일 것이다. 그냥 가족이 되는 것이다.

여기서는 혈연이 중심이지만 천국에서는 혈연은 중심에서 멀어지고 구속받은 가족들로 맺어진다. 이 땅에서는 믿음의 가정이라도 내 부모, 내 남편, 내 아내, 내 자식이라는 혈연이 중심이었지만 천국에서는 그것을 초월하여 믿음의 부모, 자식, 형제, 아내와 남편인 것이다. 거기는 더 이상 혈연의 구속으로 살지 않는다. 그렇다고 해서 가족을 못 알아보는 일은 결코 없을 것이다.

9. 어려서 죽은 아이들과 재회?

이 주제는 지금까지 논란이 있어온 내용이어서 다루기가 쉽지는 안지만 그래도 말씀에 빗대어 아이들의 구원 문제를 추론해 보려 한다. 유산으로 엄마의 배 안에서 죽은 아기들, 어려서 살아보지도 못하고 일찍 죽은 아이들, 혹은 전쟁이나 질병으로 죽은 아이들의 구원은 어찌될까?

지금까지 이런 질문을 던지면 교회에서는 무조건 지옥으로 간다고 했다. 질문하기가 무서울 정도다. 성경을 면밀히 들여다볼 생각을 해야 하는데 그냥 배운 대로 지옥 보내는 걸 즐기는 사람처럼 쉽게 지옥 이야기를 하곤 한다. 자 그럼 신학적인 내용을 쉽게 풀어가보자.

아담이 하나님께 불순종한 이래로 모든 사람은 죄 아래 놓이게 됐다. 누구도 예외가 없다(롬 5:12).

> 그러므로 한 사람으로 말미암아 죄가 세상에 들어오고 죄로 말미암아 사망이 들어왔나니 이와 같이 모든 사람이 죄를 지었으므로 사망이 모든 사람에게 이르렀느니라(롬 5:12).

우리는 모두 죄악 중에 출생했다(시 51:5). 그러니까 인류는 아담 이래로 예외없이 죄인이고 하나님과 화목하기 위해서는 그의 아들 예수 그리스도의 피로 구속을 받아야 한다. 누구든지 예수 그리스도의 중보를 통하지 않고는 하나님께로 올 수 없다. 누구든지 거듭나지 아니하면 아버지께로 갈 수 없다고 성경은 못 박아 선언한다. 여기까지는 우리 모두가 믿고 따르는 내용이다.

그러면 자기 의식으로 예수 그리스도를 선택하지 못하는 어린아이들이 어떻게 거듭날 수 있을까? 성경은 이 부분에 대하여 일정 부분 여지를 남겨 놓고 있다. 마태복음 19장을 보자.

> 그때에 사람들이 예수께서 안수하고 기도해 주심을 바라고 어린아이들을 데리고 오매 제자들이 꾸짖거늘 예수께서 이르시되 어린아이들을 용납하고 내게 오는 것을 금하지 말라 천국이 이런 사람의 것이니라 하시고(마 19:13-14).

제자들이 어린아이들을 귀찮아한 이유가 무엇일까? 아마도 자기 의식이 명확하지도 않은 아이들이 장난스럽게 혹은 신중하지 못하게, 혹은 성숙하지도 않은 상태에서 감히 예수님께 와서 안수를 받는다면 이건 신성 모독일 수 있다고 생각했을 수 있다. 우리도 교회에서 사역하다가 이런 잘못들을 자주 범하고 있지 않은가? '저런 아이들이 뭘 안다고?' 이게 보편적인 편견이다.

그런데 예수님은 반대로 천국은 이런 아이들의 것이라고 하시면서 아이들을 내게 오게 해라 왜 너희들이 막아서느냐고 하셨다. 아이들이 천국의 자격에 잘 맞는다고 말씀하신 것이다.

예수님이 어린아이들이 자기에게로 오는 것을 보고 오늘날처럼『사영리』를 따라 하라고 했을까? 아니면 구원의 확신 시리즈를 강해하셨을까? 아니 결코 그렇지 않다. 예수님은 사랑스러운 눈빛으로 얼굴에 미소를 띠시고 아이들을 가슴에 품고 축복 기도를 해 주셨을 것이다.

그 아이들이 예수님이 하나님의 아들이신지, 혹은 구약이 예언한 메시아인지 똑바로 알고 와서 안수를 받은 게 아니다. 그걸 요구하는 것 자체가 모순이다. 왜냐하면 그 당시 제사장들, 바리새인들, 율법사들도 예수님을 알아보지 못하고 십자가에 못 박아 죽였는데 어린아이들이 메시아를 정확하게 알고 와서 안수를 받았다고 믿는 것은 억지다. 또 한 구절을 보자.

> 예수께서 한 어린아이를 불러 그들 가운데 세우시고 이르시되 진실로 너희에게 이르노니 너희가 돌이켜 어린아이들과 같이 되지 아니하면 결단코 천국에 들어가지 못하리라(마 18:2-3).

예수님은 아이들을 믿음의 본보기로 들었다. 성경을 보면 예수님은 자기 의식으로 선택할 수 있는 사람들을 향해서는 회개와 거듭남을 요구했지만 어린아이들에게 그런 요구를 했다는 기록이 없다. 바울과 실라가 빌립보 감옥에 있을 때 간수장에게 전도를 했다. 그때 바울은 "주 예수를 믿으라 그리하면 너와 네 집이 구원을 받으리라"고 했다. 바울은 온 가족에게 세례를 주었다. 그러면 간수장의 가족 중에는 어린아이도 있었을 것이다.

오늘날처럼 자기 의지로 예수를 믿겠다고 고백한 사람에게만 세례를 주었다고 나는 믿지 않는다. 가족 중에 어린아이들에게도 세례를 주었을 것이다. 그 아이들은 자기 의지가 성인처럼 성립된 상태가 아니었을 것이다. 구약부터 보면 하나님의 구속의 언약은 항상 가족 단위로 흘렀다.

자기와 그 온 가족이 다 세례를 받은 후(행 16:33).

더욱이 예수님은 참 특별한 말씀을 하셨다.

삼가 이 작은 자 중의 하나도 업신여기지 말라 너희에게 말

> 하노니 그들의 천사들이 하늘에서 하늘에 계신 내 아버지
> 의 얼굴을 항상 뵈옵느니라(마 18:10).

여기서 말하는 아이들은 어떤 전제가 붙은 아이들이 아니다. 예를 들면, 믿음을 고백한 아이들이라거나 믿음의 집안에서 자란 아이들이라거나 하는 교회의 전통적인 방식에 속한 아이들이 아니다. 예수님은 일반적인 개념으로 아이들을 말씀하신 것이다. 어떤 아이든지 그 아이들의 수호 천사들이 항상 하나님께 보고하고 인도한다는 말이다. 이 얼마나 놀라운 말씀인가!

나는 지금까지 우리가 배워 왔던 구원의 방식, 즉 회개하고 고백을 해서 구원을 얻는 방식 말고 어린아이들을 향한 하나님의 어떤 특별한 구원의 처방이 있을 것이라고 믿는다. 그것이 무엇인지는 모르지만 위의 성경 구절들이 그런 암시를 주고 있기 때문이다.

어린아이들에게 혹은 유산으로 죽은 아이들에게 어떻게 예외 없이 예수 그리스도의 피 뿌림을 행하실지 나는 전혀 알 수 없다. 그것은 오직 전능하신 구원의 주 우리 하나님의 영역이기에 알 수가 없다. 그러나 분명히 아이들의 구원을 위한 하나님의 특별한 처방이 있음을 나는

믿는다.

더 놀라운 말씀을 하나 더 살펴보자.

> 예수께서 이르시되 그렇다 어린 아기와 젖먹이들의 입에서 나오는 찬미를 온전하게 하셨나이다 함을 너희가 읽어 본 일이 없느냐(마 21:16).

아니 자기 의식으로 고백이 불가능한 어린 아기나 젖먹이들이 어떻게 하나님을 찬양할 수 있다는 말인가? 말할 것도 없이 어린아이들이라도 분명히 죄에서 구원 받아야 함은 의심할 필요가 없지만 이 구절을 보면 하나님은 젖먹이나 유아들에게 예수 그리스도의 구속의 피 뿌림을 행하여 천국으로 인도하시고 있다고 믿을 수가 있다.

여러분들은 이 성경 구절을 읽고 매우 놀라고 흥분해야 한다. 아기와 젖먹이들이 하나님께 찬미를 드린다? 어떻게 찬미를 드릴까? 아마도 본능적으로 드리지 않을까? 비록 우리는 못 알아들어도 아이들만의 방식으로 본능적인 찬양을 드리는 것이라고 믿는다.

덧붙이자면 이 젖먹이나 아이들은 신자들 집안의 아이들도 아니고 특별한 믿음의 처방을 받은 아이들이 아니다. 그냥 이 세상의 모든 젖먹이와 아이들이다. 억지로 교리에 짜맞추어서 이 젖먹이들은 믿음의 가정에서 태어난 아이들일 수 있다는 괴상한 소리를 하지 말기를 바란다. 그냥 예수님의 말씀을 있는 그대로 믿어야 한다.

세례 요한이 엄마의 배 속에서 '성령이 충만했다'는 말씀은 어떻게 이해할 것인가? 태어나지도 않은 아기가 성령이 충만하다는 말은 매우 낯선 것이다. 그러나 위의 성경 구절들을 종합해 보면 하나님의 특별한 구원과 은혜의 방식이 어린아이들을 향하고 있다는 것을 알 수 있다.

우리가 천국에 이르는 날 유산으로 잃어버렸던 내 아이들, 질병으로 세상을 살아보지 못하고 너무 일찍 떠난 내 아이들, 갑작스러운 사고로 잃어버린 아기들을 모두 천국에서 반갑게 만날 것이다. 우리가 지금 죽어 현재의 천국에 도달하면 아이들이 우리 손을 잡고 천국을 구경시켜 줄 수도 있다. 그리고 마침내 부활의 날이 찾아올 때 새 땅(천국)에서 새 몸을 입고 서로의 교제를 즐길 것이다.

10. 천국에서도 재능과 은사가 활용된다?

나는 많은 사람들이 천국에서는 하는 일도 없이 그냥

쉬고 노는 곳으로 이해하는 것을 이해할 수 없다. 우리가 조금만 성경을 주의 깊게 보면 하나님의 구속의 계획이 무엇인지 금새 알 수 있는데 그것을 보지 못하니까 그런 오류가 발생하는 것이다.

우리가 지금 여기서 주님을 섬기기 위해 발전시키고 개발한 모든 개인적인 은사와 재능들은 천국에서도 쓰여지고 발전될 것이라고 나는 믿는다. 천지를 창조하실 때 음악과 건축 모든 문화의 시작과 발전은 하나님의 계획이었다. 하나님은 이 모든 문화의 도구들로 자신에게 영광을 돌리기를 원하셨다. 또 한편으로는 이런 문화의 도구들로 하나님의 창조 명령의 대리자인 인간들의 삶이 다양한 영역에서 풍성해지기를 원하셨다.

하나님이 음악적 재능이나 미술적 재능, 또는 건축적 재능을 가진 많은 사람들을 통해서 지금 여기 이 땅에서 얼마나 영광을 받고 계시는가!

1) 아름다운 성악가나 가수들을 통해
2) 기가 막히게 감동적인 연주를 하는 악기 연주자들을 통해 (바이올린, 첼로, 비올라, 트럼펫, 색소폰, 플루트 등등)
3) 창조적인 실력으로 아름다운 곡을 만들어 내는 작곡가

들을 통해

4) 오케스트라의 웅장한 연주자들을 통해

5) 손가락으로 88개의 건반을 자유롭게 넘나드는 피아노 연주를 통해

6) 각 나라마다 존재하고 환상적인 소리를 내는 전통 악기들을 통해(팬파이프, 백파이프, 장구, 거문고, 벤조 등)

7) 수없이 많은 기독교적 미술 작품들을 통해(레오나르도 다빈치, 미켈란젤로, 밀레, 고흐 등)

8) 합창과 오케스트라의 훌륭한 지휘자들을 통해

하나님은 지금도 영광을 받고 계신다. 하나님의 창조적 능력을 부여받은 인간들이 발전시킨 음악과 미술, 건축물을 통해서 하나님의 솜씨를 투영(reflection)해 내고 있다. 마치 달빛은 태양의 빛을 받아 반사하듯이 인간은 하나님의 창조의 솜씨를 작품으로 반사해 내고 있는 것이다.

하나님은 새 땅(천국)에서도 이런 문화적 도구들을 사용하셔서 더 영광스럽게 발전시키시고 풍요롭고 아름답게 하실 것이다. 성도들이 이 땅에서 주님을 찬양하려고 연마한 모든 은사들이 천국까지 이어져서 더 발전하고 영원토록 마음껏 하나님을 찬양할 수 있다면 그것을 왜 부

정하려 드는가?

요한계시록 5장 8절은 우리에게 기대와 소망을 던져준다.

> 그 두루마리를 취하시매 네 생물과 이십사 장로들이 그 어린양 앞에 엎드려 각각 거문고와(계 5:8).

천국의 예배에 악기가 동원되고 있음을 보여주고 있다. 할렐루야! 우리말로는 거문고지만 하프를 말한다. 하프는 이스라엘의 고유 전통 악기다. 천국에 하프가 사용된다면 다른 악기들이 사용되지 말라는 법이 어디에 있을까!

현재의 천국에 천사들과 네 생물들, 이십사 장로들의 합창이 있다면 새 땅(천국)에서 성도들의 합창이 존재할 수 있다고 믿어도 이상할 것이 없다. 하나님은 만물을 새롭게 하신 다음 새로운 성도들과 새 땅에서 새 일을 행하실 것이다. 완벽한 하나님의 나라를 시행하시고 발전시켜 나갈 것이다. 천국의 성도들은 모두 피동적이고 소원도 없으며 열정도 없는 무의미한 존재들이 결코 아니다. 이 부분에 대해서는 이미 앞에서 다 말하였다.

하나님의 창조 계획 속에는 이 땅에서 충만하고 번성하며 다스리는 명령이 주어졌다. 죄가 들어오기 전에 이미 생육과 번성을 계획하고 있었다는 말이다. 비록 인간이 죄를 짓고 하나님의 생명에서 멀어졌지만 문명의 발전은 하나님의 계획 속에 있었다. 그리고 그 문명 속에는 찬란한 하나님의 솜씨들이 다양하게 반영되었다.

사람만 구속받는 게 아니라 모든 피조물도 다 구속을 받는다고 했다. 모든 피조물이 구속을 받게 된다는 말에는 음악도 미술도 건축, 문학도 다 구속을 받게 된다는 말이다. 음악이 구속을 받으면 모든 악기들도 다 구속을 받게 된다. 구속된 모든 피조물들은 가장 아름답고 완전한 상태로 하나님을 찬양하고 영원토록 그분을 즐거워하게 된다. 이 땅에서만 쓰임 받는 게 아니라 천국에서도 쓰임을 받게 된다는 것은 우리를 더욱 격려하며 소망 가운데 헌신하게 만들어준다.

> 주께서 생명의 길을 내게 보이시리니 주의 앞에는 충만한 기쁨이 있고 주의 오른쪽에는 영원한 즐거움이 있나이다(시 16:11).

다윗의 이 시편이 얼마나 큰 위로와 확신을 주는가! 주의 앞에는(In Your presence) 언제나 기쁨이 충만하다. 아멘! 천국이 어떤 곳인가? 하나님의 보좌가 있어 우리와 함께 사는 곳이 아닌가! 그렇다면 지루할 틈이 없다. 영원토록 즐거움으로 충만한 천국이 우리의 활동 무대다. 기대가 되고 감사하지 않은가!

천국이 지루할 것이라고 믿는 사람은 하나님이 지루하다고 믿는 것과 같은 것이다. 하나님은 지루하지 않다. 그분은 창조자요 지혜와 지식의 근원이시다. 수를 헤아릴 수 없는 별들의 이름을 다 지으시고 아시는 분이다. 인간의 머리 터럭 한 올까지 다 세고 아시는 분이다. 과거와 현재 미래를 다 관통하는 유일한 분이시다. 그분의 존재는 영원에서 영원에 이른다. 시작도 끝도 없는 분이다.

바둑을 아주 잘 두는 프로 기사들은 보통 몇 수 앞을 읽는 능력이 있다. 아마추어 하고는 상대가 안 된다. 예를 들어서 우리가 바둑 프로기사 10단이라고 하자. 그래서 수를 읽는 능력이 뛰어나 100수 앞을 본다고 가정하자. 그러면 하나님은 프로 중의 프로시기에 천수 만수 앞을 보실까? 아니다. 하나님은 무한대 수를 보시는 분이다. 이 말이 이해가 되는가?

한마디만 더 하자! 사탄의 최대 거짓말이 있는데 그것은 죄는 달콤하고 의로운 일은 지루하다는 것이다. 사탄의 기본적인 전략은 에덴동산 때와 달라진 게 없다. 아담과 하와는 불순종의 죄(선악과를 따먹지 말라는 명령을 어기고 사탄의 달콤한 유혹에 넘어감)가 자신들의 욕망을 성취시켜 주리라 믿었다.

그러나 결과는 정반대였다. 죄는 우리가 성취해야 할 것들을 도둑질했다. 죄는 삶을 흥미롭게 만들지 않는다. 오히려 공허하게 만든다. 죄는 삶을 확장시키지 않고 축소시킨다. 죄의 공허함은 필연적으로 우리 삶을 지루함으로 인도한다. 죄와 저주가 사라진 천국은 기쁨과 감사 영광과 찬미로 가득 차 있다.

11. 방주 신학

노아의 방주를 살펴보면 하나님의 계획의 미래가 보인다. 노아의 방주는 사람만 구원한 게 아니고 하나님의 다른 피조물들도 보존했다. 홍수로 심판을 받고 방주는 다시 땅으로 돌아왔고 새로운 시작을 했다. 하나님이 대홍수에서 사람과 동물들 그리고 땅을 보존하신 것은 당신의 창조에 대해서 포기하지 않고 있음을 보여주는 것이었다. 그래서 하나님은 노아에게 아담과 하와에게 주었던 명령을 똑같이 다시 주었다.

> 너희는 생육하고 번성하며 땅에 가득하여 그 중에서 번성하라 하셨더라(창 9:7).

그리고 노아는 바로 방주에서 나와 농사를 시작했다. 인간은 다시 땅에서 일하게 되었다. 우리의 은사와 특별한 재능들은 우연히 생긴 게 아니다. 하나님이 그런 길을 우리에게 주신 것이다. 그는 우리 각자를 그의 영광을 독특하게 표현하도록 정교하게 설계하셨다. 바울의 말을 빌리자면 우리 각자는 하나님의 걸작품이다. 예수 안에서 선한 일을 위하여 지어진 존재들이다(엡 2:10).

확신하건데 새 하늘과 새 땅에서 우리는 위대한 공동체를 이룰 것이다. 그래서 하나님께 놀라운 경배와 찬양과 감사를 드릴 것이다. 하나님이 우리 각자에게 주셨던 은사와 재능, 열정과 비전들을 가지고 천국에서 지속적으로 창조적인 문화를 만들어 갈 것이다. 이런 자녀들의 모습을 보시면서 우리 하나님은 매우 기뻐하실 것이다.

Chapter 19

위대한 소망 위대한 여행

이제 이 책의 끝자락에 도달한 것 같다. 더 깊이 다룰 내용들도 많지만 독자들이 천국에 대한 흥미를 잃을까 봐 적정선에서 내용들을 다루었고 이제 마무리를 하려 한다. 나 역시 사랑하는 가족들과의 이별을 여러 차례 경험을 했다. 그 마지막 순간들을 눈으로 똑똑히 목격했다. 이별의 슬픔과 함께 너무나 생생하게 죽음이라는 실체의 신비를 느꼈다. 그리고 언제나 뜨거운 부활의 소망으로 내 가슴은 충만했다.

새 하늘과 새 땅의 구속 신학을 알게 된 후 난 더욱 깊이 하나님과의 사랑에 빠졌고 날마다 매 순간마다 위를 보며 살게 됐다. 예수 그리스도의 구속과 부활의 능력이 인간의 회복뿐만 아니라 모든 피조 세계의 회복을 포함한다는 사실이 나를 설레게 했고, 그 결과로 지금 이 땅과 앞으로 오게 될 새 땅이 전혀 별개의 세계가 아니라 연결 선상에 놓여 있다는 것을 알게 됐다.

라디오에서 흘러나오는 잔잔한 음악처럼 성경 전반에 걸쳐 흘러나오는 쉬운 구속의 이야기와, 새 하늘과 새 땅의 천국 힌트를 보물을 찾듯이 발견해 나가면서 난 너무나 행복했다. 묵은 체증이 내려가듯이 영혼의 해갈을 경험했다. 내 삶에서 일어난 모든 일과 환경들이 더 세세한 의미를 가지게 됐다. 현재의 삶과 미래가 하나의 선으로 연결됐다. 아주 낯선 세상이 아니라 친근한 세상으로 다가올 천국을 충분히 맛보았고 지금도 맛보며 살고 있다.

이 책을 접한 독자들을 축복하고 싶다. 천국 신앙은 구속 신앙이다. 이 둘은 하나의 몸이기에 분리될 수 없는 주제다. 나는 이 책에서 구속의 의미를 쉽게 설명했다고 생각한다. 그 구속의 정점이 양자 됨이고 몸의 구속이라는 것을 설명했다. 몸의 구속이란 부활의 몸을 가지는 것을 말한다. 이 구속의 은혜가 새 하늘과 새 땅에서 완성되고 펼쳐지는 것이다.

지금도 현재의 천국에서 몸의 구속 즉 부활을 기다리고 있을 구름 같이 많이 성도들을 생각해 본다. 예수님의 중보 사역에 동참하여 구속 사역이 완성 될 때까지 여전히 천국에서 동역하고 있는 하늘의 시민들에게 경의를 표한다. 때가 되면 만왕의 왕 만주의 주 되신 우리 주 예수 그리스도와 함께 재림의 현장에 모두가 나타날 것이다. 그때 우리 살아남아 있는 자들도 홀연히 부활의 몸을 입으면서 공중으로 올라가 그토록 사모하며 기다렸던 예수님을 만나게 될 것이다.

만물을 새롭게 하시고 현재의 천국에서 거룩한 도시 새 예루살렘이 새 땅으로 내려와 하나님과 어린양 예수님의 보좌가 우리와 영원히 함께하게 되고, 예수님과 새 땅과 새 하늘의 통치에 참여하는 영광을 누리게 될 것이다. 뿐만 아니라 하나님의 그 깊고 크고 넓은 위엄과, 영광, 아름다움과 신비를 우주선으로 드넓은 우주를 탐사하듯 우리도 영원토록 탐사를 하게 될 것이다.

이제 우리는 모두 역사의 끝자락을 향하고 있다. 머지 않은 장래에 이 모든 일이 이루어질 것이다. 눈을 들어 위를 보라. 그리고 하나님의 영원한 구속의 경륜에 눈을 뜨라. 소망으로 충만하며 모든 선한 일에 열심을 내라. 우리가 그토록 사랑하던 주님이 주실 칭찬과 위로를 사모하며 기다리라. 주님의 영광과 사랑으로 숨 쉬며 살게 될 날은 확실히 온다. 천국의 공기는 하나님의 영광이고 사랑일 것이다. 천국 시민들은 모두 그 사랑의 공기를 마시며 살 것이다.

죽음아 너의 이김이 어디 있느냐?

죽음이 위대할 수 있는 것은 오직 예수 그리스도의 피로 구속을 받았기 때문이다. 예수 없이 죽는 사람들에게 죽음은 절대 절망이고 절대 비극이다. 우리에게 죽음은 천국 문으로 들어가는 관문일 뿐이다. 그리고 그 문을 지나면 그토록 사모하던 내 주님을 얼굴을 맞대고 볼 것이다.

죽음은 자기가 이긴 것처럼 잠시 우쭐대다가 우리가 천국에서 태어나는 것을 보고 이내 절망해 버릴 것이다. 나치의 치하에서 순교를 당했던 젊은 본 훼퍼는 죽기 직전 "오 하나님 이것은 저에게 끝이 아니라 시작일 뿐입니다"라고 했다. 그렇다 본 훼퍼의 고백은 우리 모두의 고백이다.

죽음은 어떤 경우에도 로맨틱하지 않다. 영원의 소망이 확실하게 있음에도 죽음은 언제나 서운하고 슬픈 것이다. 예수님도 나사로의 죽음 앞에서 우셨다. 죽음은 분명히 우리의 원수고 고통스러운 것이다. 그러나 예수 안에 있는 우리에게 죽음은 마지막 고통이고 마지막 원수다. 왜냐하면 천국에서는 더 이상 죽음이나 고통이 없기 때문이다. 바울은 "멸망 받아야 할 마지막 원수는 죽음"이라고 선언했다.

> 그가 모든 원수를 그 발 아래에 둘 때까지 반드시 왕 노릇 하시리니 맨 나중에 멸망 받을 원수는 사망이니라(고전 15:25-26).

우리에게는 최후의 승리가 있다. 그 승리는 보장된 승리다. 하나님의 구속의 계획 속에는 패배가 없다. 그리스도 예수 안에서 사망은 자리를 잃었다. 죽음은 잠시 우리를 괴롭히지만 궁극적인 승리는 우리에게 있다. 다시는 사망의 고통이 우릴 괴롭히지 못한다. 부활의 새 몸을 입고 영원한 생명을 살게 된다. 하나님은 이 위대한 승리를 성경 이곳저곳에서 말씀해 주셨다.

> 또 이 산에서 모든 민족의 얼굴을 가린 가리개와 열방 위에 덮인 덮개를 제하시며 사망을 영원히 멸하실 것이라 주 여

> 호와께서 모든 얼굴에서 눈물을 씻기시며 자기 백성의 수치를 온 천하에서 제하시리라 여호와께서 이같이 말씀하셨느니라(사 25:7-8).

사망을 영원히 멸하실 것이라!

이 말씀은 천국의 대헌장이요 최후 승리의 외침이다. 사망의 영원한 실종이다. 말 그대로 영원히 없어진다. 다시 살아날 가능성은 단 일도 없다. 그냥 이것으로 끝이다. 이 말씀이 구약의 승리 대헌장이라면 바울은 신약에서 승리의 대헌장을 다시 외친다.

> 이 썩을 것이 썩지 아니함을 입고 이 죽을 것이 죽지 아니함을 입을 때에는 사망을 삼키고 이기리라고 기록된 말씀이 이루어지리라. 사망아 너의 승리가 어디 있느냐 사망아 네가 쏘는 것이 어디 있느냐(고전 15:54-55).

오 놀라운 소망과 승리의 외침이여! 우리를 기다리고 있는 생명의 승리여! 썩지 않을 몸을 입는 날이 온다. 죽지 않는 몸을 가지는 순간이 온다. 이것은 하나님의 보증이다. 지금은 우리가 비록 힘겨운 싸움을 싸우고 있어도,

아직은 넉넉한 구원에 이르지 못하였어도 그리스도 예수 안에서 우린 승리를 얻었고 최후의 부활을 담보 받았다. 이것으로 인해 우린 이 땅에서 염세적으로 살거나 절망하지 않는다. 그 어떤 것도 우리를 하나님의 사랑에서 끊을 수 없다. 다시 바울의 외침을 들어보자.

> 누가 우리를 그리스도의 사랑에서 끊으리요 환난이나 곤고나 박해나 기근이나 적신이나 위험이나 칼이랴… 그러나 이 모든 일에 우리를 사랑하시는 이로 말미암아 우리가 넉넉히 이기느니라 내가 확신하노니 사망이나 생명이나 천사들이나 권세자들이나 현재 일이나 장래 일이나 능력이나 높음이나 깊음이나 다른 어떤 피조물이라도 우리를 우리 주 그리스도 예수 안에 있는 하나님의 사랑에서 끊을 수 없으리라(롬 8:35-39).

때가 이르면 나 역시 현재의 천국으로 이주해 갈 것이다. 그러면 지금은 사역상 보고 싶은 손주들이 미국에 있어 자주 보지 못하지만 내가 먼저 천국으로 간 후 내 자녀들과 손주들을 부활의 아침에 다시 만날 것이다. 그리고 손에 손을 잡고 현재의 천국에서 새 하늘과 새 땅에 도착하여 거기서 영원히 하나님의 계획에 참여하여 영광스러운 삶을 살아갈 것이다.

그 어떤 누구의 말도 믿지 말고 오직 예수님의 말씀을 믿어라! 거짓의 아비인 사탄의 그럴듯한 말에 인생의 쓴맛을 보지 말고, 진리를 말씀하시는 예수님의 말씀에 귀를 기울이고 절대 신뢰를 가져라! 그리고 주어진 믿음의 경주를 잘 끝내자!

사랑하는 가족이나 친구들 혹은 동역자들이 이미 현재의 천국에 가 있다면 그들은 이 땅에서의 사명을 다 마친 것이다. 이 땅에 우리가 살아 있다면 위로부터 주신 사명이 아직 끝나지 않고 있는 것이다. 먼저 갔다고 아쉬울 것도 없고 좀 더 늦게 간다고 다행한 일이 아니다. 우리는 목적지가 정해져 있다. 하늘의 부름이 다하는 날 이 여행지를 떠나게 된다. 누구도 예외가 있을 수 없다.

이 세상은 새 하늘과 새 땅에서 하나님의 계획대로 잘 살아내기 위한 훈련장이요 준비하는 곳이다. 훈련은 고된 것이다. 준비하는 일은 언제나 분주하고 정신을 집중해야 한다. 우리의 신분은 이중적이다. 근본은 하늘의 시민이요 훈련으로서는 이 땅의 시민이다. 이중 국적자인 셈이다. 나는 한국 사람이지만 미국 시민권을 가지고 있다. 내가 들고 있는 여권이 내가 누구인가를 늘 말해준다. 지금은 사역 때문에 한국에 나와 있지만 때가 되면 미국으로 돌아가야 한다.

마찬가지로 우리는 지금 이 땅에서 살고 있다. 때가 이르고 하늘의 부르심을 완수하는 날 고향으로 돌아가야 한다.

사랑하는 나의 동역자들이여! 하나님의 은혜로 주어진 이 땅에서의 삶을 새 땅 위에 세워질 나의 보물 창고를 위하여 부지런히 시간을 쓰자. 영원하지 않은 일에 시간과 재물을 낭비하지 말고 영원히 남을 것에 투자하며 살아가자. 우리가 주와 그 나라를 위해 하는 모든 수고와 헌신은 하나도 땅에 떨어지지 않고 전능하신 하나님의 기억의 창고 속에 그대로 차곡차곡 쌓이고 있다. 그리고 훗날 갚아 주실 것이다. 삼십 배, 육십 배, 백 배의 축복으로!

마지막으로 우리가 하나님 아버지께로부터 받은 면류관을 다시 그리스도 예수의 발 앞에 드리고 보좌에 앉으신 하나님께 드릴 수 있기를 바란다. 그리고 나의 의가 공로가 아닌 오직 그리스도 예수의 은총으로 승리하였음을 크게 외치고 모든 영광과 찬송을 하나님께만 올려 드리기를 기도한다.

요한계시록 21장 1-5절 말씀으로 이 책을 갈무리하려 한다. 우리 모두 부활의 날 새 땅에서 만나기를!

> 또 내가 새 하늘과 새 땅을 보니 처음 하늘과 처음 땅이 없어졌고 바다도 다시 있지 않더라 또 내가 보매 거룩한 성 새 예루살렘이 하나님께로부터 하늘에서 내려오니 그 준비한 것이 신부가 남편을 위하여 단장한 것 같더라 내가 들으니 보좌에서 큰 음성이 나서 이르되 보라 하나님의 장막이 사람들과 함께 있으매 하나님이 그들과 함께 계시리니 그들은 하나님의 백성이 되고 하나님은 친히 그들과 함께 계셔서 모든 눈물을 그 눈에서 닦아 주시니 다시는 사망이 없고 애통하는 것이나 곡하는 것이나 아픈 것이 다시 있지 아니하리니 처음 것들이 다 지나갔음이러라 보좌에 앉으신 이가 이르시되 보라 내가 만물을 새롭게 하노라 하시고 또 이르시되 이 말은 신실하고 참되니 기록하라 하시고(계 21:1-5).

이제 누가 여러분들에게 "우리는 천국에 대해, 천국이 어떤 곳인지 상상할 수 없다"고 말하는 소리를 듣거든 "아니오. 나는 상상할 수 있습니다"라고 답을 하게 될 것이다.